Éléments de phonologie fonctionnelle pour l'intervention et l'orthophonie

Guide pratique avec application au français

Patrice Robitaille

Éléments de phonologie fonctionnelle pour l'intervention et l'orthophonie : guide pratique avec application au français

Gestion de projet : Emma Felix

Couverture : TAMMY

Typographie : James Horn

Photo : Guillermo Castellanos

Édition : Patrice Robitaille

Révision linguistique : Marie-Lou Larouche

Conseillère à l'édition : Karina Morissette

Illustrations de l'appareil phonateur : Jonathan Wilansky

Pour information : patricerobitaille64@gmail.com

ISBN (version papier) 978-2-9822520-0-4

ISBN (version électronique) 978-2-9822520-1-1

Dépôt légal 2024

Bibliothèque et Archives nationales du Québec

Bibliothèque et Archives Canada

À Manon

Table des matières

Remerciements

Je tiens à remercier toutes les personnes qui ont contribué, directement ou indirectement, à la réalisation de ces *Éléments*.

Mes sincères remerciements à M. Jonathan Wilansky pour les illustrations qui touchent les organes phonateurs. Il a mis en valeur mes croquis imparfaits qui, sans son excellent travail, n'auraient jamais été à la hauteur de cet ouvrage.

Je remercie très chaleureusement aussi la direction des bibliothèques de l'Université de Montréal. Elle m'a permis de m'abonner à ses services, de consulter et de travailler sur place à l'Université : les collections et les articles mis à ma disposition ont été indispensables. J'en suis très reconnaissant.

Je tiens à remercier Marie-Lou Larouche pour la révision linguistique du texte initial et à remercier aussi les parents, les éducatrices à la petite enfance, les éducatrices et éducateurs spécialisés et l'ensemble de mes étudiants qui, depuis toutes ces années, ont alimenté la discussion des processus phonologiques dont il est question ici.

Finalement, je veux transmettre un merci très sincère à ma femme, Manon Ratté, qui n'a cessé de m'encourager tout au long de ce projet.

Patrice Robitaille

Présentation

Le travail d'observation et de dépistage des difficultés du langage, effectués avant le diagnostic formel par un orthophoniste qualifié, doit permettre d'évaluer *correctement* les articulations phonétiques de l'enfant dans l'utilisation de la parole. Depuis des années, dans le cadre de mon enseignement en *Techniques d'éducation spécialisée*, j'ai constaté à quel point nous étions très mal outillés dans ce domaine.[1]

Compléter un bon travail d'analyse phonologique exige des transcriptions de qualité, uniformes et constantes[2] par des individus qui maîtrisent les outils de travail et qui sont en contact direct avec l'enfant évalué. *L'Alphabet Phonétique International* (API) est l'outil indispensable à toute méthode pouvant rapidement déceler les processus phonologiques en présence et, sans ces transcriptions *valides*, les erreurs d'interprétation vont toujours subsister et rendre les intervenants inefficaces dans leur travail. J'ai voulu élaborer ce guide à l'intention des intervenants ou des spécialistes qui, de près ou de loin, s'intéressent à l'analyse des processus phonologiques qui surviennent chez les petits.

Il y a quelques années de cela, lors de mon cours d'observation, une étudiante m'expliquait avec une assurance ahurissante que les lèvres de l'enfant ne participent pas à la production articulatoire du son [k]. La dorso-vélaire ne peut pas être produite avec la bouche fermée. Une explosion articulatoire est nécessaire pour produire [k]. Les lèvres doivent être séparées et la bouche doit être ouverte pour permettre à la consonne [k] d'être réalisée *phonétiquement*

---

[1] Ce guide est consacré aux processus phonologiques identifiés chez l'enfant qui est en apprentissage de sa langue. Il ne donne pas de réponses aux questions qui touchent les troubles dys- (la dyspraxie, la dysarthrie, la dyslexie, la dysorthographie, la dysphasie, la dysgraphie et la dyscalculie, pour ne nommer que ceux-là).

[2] Les problèmes de l'uniformité et de la qualité des transcriptions phonétiques ont été soulevés très tôt par HENDERSON (1938) et plus tard par JOHNSON et al. (1971) et OLLER et al. (1975). Pour les transcriptions phonétiques contenues dans les exercices du présent guide, les voyelles relâchées [ɪ], [Y] et [U] sont représentées par les symboles [i], [y], [u] ; les diphtongues [œʸ], [ɑᵘ] et [aⁱ] sont représentées par les symboles [œ], [a] et [ɛ] ; les consonnes affriquées [tˢ] et [dᶻ] sont représentées par les symboles [t] et [d]. Ces transcriptions sont mises de l'avant dans un souci de faciliter la lecture du texte par les apprenants. Une fois la phonétique maîtrisée, le lecteur pourra choisir de mettre en valeur les variantes phonétiques entendues sur le terrain.

lorsque le dos de la langue se sépare du voile du palais au moment de l'explosion.

Parfois, les problèmes liés à l'analyse des difficultés du langage résident dans des formations axées sur des pathologies du langage qui négligent l'enfant ayant un bilan de santé *normal*. Un survol rapide des mémoires et thèses récentes montre une forte propension à pousser les études du côté de l'aphasie, des dysfluidités, de la déficience auditive, de la dyslexie, de la dysphasie, de l'autisme, de la dysarthrie, de la dyspraxie, de la fente palatine et des lésions hémisphériques. Ces champs d'études touchent une minorité de patients. Une étude longitudinale plus poussée sur le développement phonologique des enfants âgés de 0 à 7 ans (avec un échantillonnage considérable) viendrait baliser avec précision les différentes étapes d'intégration des phonèmes par l'enfant *en santé*. Pour le moment, nous nous rabattons sur la chronologie d'acquisition de RONDAL (2003 : 69) dont le tableau, qui fait référence dans le domaine ne présente pas les voyelles /o/, /ø/ et /ɑ/. RONDAL utilise le symbole /õ/ pour la nasale /ɔ̃/. Contrairement à ce qu'il dit, la voyelle /œ̃/ devrait normalement être intégrée en même temps que les autres voyelles nasales, la nasalité étant le seul trait distinctif la différenciant de la voyelle /œ/. Les voyelles /o/ et /ø/ devraient être acquises en même temps que /e/, vers trois ans. La voyelle /ɑ/ devrait, quant à elle, être acquise à 3 ans, tout comme /a/. La description de RONDAL ne tient pas compte non plus de l'acquisition des dorso-palatales /j/ et /ɥ/, de la dorso-vélaire /w/ qui devraient, quant à elles, être intégrées vers l'âge de 5 ans, tout comme les constrictives /l/ et /r/ (voir MACLEOD (2014 : 3). Il y a donc une typologie d'acquisition des phonèmes français à établir avec plus d'exactitude.

Le réseau de l'éducation (le Ministère de la famille inclus), doit pouvoir faire appel à des intervenants capables d'identifier avec précision les phénomènes qu'ils observent. Tout mécanisme sérieux doit être fondé sur une base phonologique solide et sur une excellente compréhension du système qui sous-tend les productions articulatoires des petits.[3] Il ne faut surtout pas évacuer

---

[3] Le cadre théorique présenté ici est celui de la phonologie fonctionnelle structurale. Les

l'enseignement et l'importance de l'analyse phonologique. Les finissants en orthophonie travaillent en milieu scolaire et posent des diagnostics qui s'appuient sur des considérations phonologiques. Ils traduisent des ouvrages de phonologie anglophone et tentent de les adapter à la langue française. Une formation incomplète en phonologie contribue aux erreurs commises en milieu scolaire et empêche une présentation correcte du système phonologique du français dans les manuels d'enseignement qu'on utilise (voir BOWEN 2007). En fait, cela se répercute sur les compétences de nos orthophonistes qui n'ont pas nécessairement suivi un cours de phonologie structurale française adéquat.

Les erreurs existent dans certains mémoires de maîtrises et thèses récentes : voir Fanny DIEU (2021 : 4) qui parle d'un lieu d'articulation apical pour /t, d, n/ et dental pour /l/ sous l'influence anglophone de ROSE et WAUQUIER-GRAVELINES (2003); et Amélie FRÉMONT (2014 : 24) pour qui le langage verbal se construit à partir de l'intégration des composantes phonétiques, sémantiques, syntaxiques et pragmatiques en excluant la phonologie comme composante contributive de la parole. Dans sa discussion des troubles articulatoires, FRÉMONT (p. 23) parle de phonèmes *anormaux* comme des erreurs mécaniques constantes et systématiques. Ces erreurs de production phonétique relèvent de la phonétique articulatoire (la réalisation des sons) et non pas de la phonologie. Elle confond chute de phonèmes et chute de mots (p. 25).

Une intervention de qualité suppose que les équipes, multidisciplinaires ou non, fassent la différence entre ce qui doit être signalé à l'orthophoniste et ce qui ne doit pas être pris en compte. Cela exige une bonne maîtrise des outils d'analyse. Rendu à l'étape de l'intervention, les responsables mettront en valeur des exercices de stimulation structurants, pertinents et efficaces qui respectent l'atteinte des objectifs identifiés dans le plan

---

références qui suivent, même si elles ne sont pas toutes du même cadre, peuvent être consultées pour mieux en comprendre les fondements : FRANÇOIS, F. (1968) ; GOUDAILLIER, J.-P. (1990) ; HAGÈGE, C. (1982) ; MARTINET, A. (1956, 1970 et 1974) ; MOUNIN, G. (1968) ; TROUBETZKOY, N.S. (1970) ; VION, R. (1980) et MARTIN, P. (1983).

d'intervention.

Le descripteur, qu'il soit technicien ou orthophoniste, doit pouvoir expliquer *phonologiquement* pourquoi les difficultés et les processus surviennent à partir d'une observation qui ne laisse pas de place au doute ni à l'interprétation hypothétique des enjeux. En l'absence d'une formation adéquate en phonologie pouvant bâtir les compétences techniques voulues dans ce domaine important, nous connaîtrons, immanquablement, au Québec, une certaine paralysie, une incapacité fondamentale, à correctement analyser ces phénomènes.

Cet ouvrage se veut une introduction à la phonétique générale et à la phonologie fonctionnelle du français. Ces *Éléments de phonologie fonctionnelle pour l'intervention et l'orthophonie* permettront aux intervenants de mieux comprendre les phénomènes liés aux difficultés du langage du point de vue articulatoire des sons produits (*la phonétique*) et le fonctionnement des phonèmes dans le système de la langue française auxquels ils appartiennent (*la phonologie*).

Le but recherché est, bien sûr, d'exposer la méthode d'analyse phonologique qui permettra à l'orthophoniste de poser le bon diagnostic. Ces *Éléments de phonologie fonctionnelle pour l'intervention et l'orthophonie* ne seraient pas complets sans les exercices de transcriptions phonétiques, le lexique et l'ensemble des exercices pratiques qu'ils renferment à la fin avec leurs corrigés.

Je ne peux que souhaiter qu'ils deviennent une référence pour tous ceux qui travaillent en éducation spécialisée ou en orthophonie, les enseignants et les professeurs et, enfin, pour tous ceux qui accompagnent l'enfant dans l'apprentissage de la phonologie de la langue française.

Enfin, l'orthophoniste demeure la personne la mieux qualifiée pour les parents qui se questionnent sur le développement phonologique de leur enfant. En cas de doute, n'hésitez surtout pas à consulter un orthophoniste de confiance. Il saura vous guider dans le cadre des problématiques identifiées correctement sur le terrain.

Les normes, les niveaux de langue et les variétés de langage

Une norme linguistique est définie par un ensemble de recommandations déterminées par la société et précise ce qui est reconnu dans les usages d'une langue. De par son ensemble de codes qui servent de référence, on peut dire que la norme vise un idéal esthétique ou socioculturel.[4] Les niveaux de langue sont hiérarchisés en trois grandes catégories : le niveau soutenu, soigné ou littéraire, le niveau standard ou correct, et le niveau familier.[5] Le niveau soutenu est un niveau de langage recherché, étant associé à l'art de bien parler. Les phrases seront plus longues, la syntaxe plus complexe et le vocabulaire plus rare. Les locuteurs associent la langue soutenue à la littérature, à un raffinement de l'expression qui inclut des figures de style. Pour le niveau standard, la langue utilisée est correcte, n'étant ni trop recherchée, ni trop relâchée, sa syntaxe et son lexique sont considérés appropriés dans les échanges officiels des professionnels, des professeurs, des politiciens, des présentateurs. La parole de niveau standard est admise à l'écrit et est comprise par la grande majorité des francophones.

Le niveau familier est utilisé entre amis, en famille, ou entre amis, dans des situations informelles. Elle est donc facilement identifiable dans des échanges qui sont détendus et amicaux. D'autre part, la syntaxe et le vocabulaire y sont simplifiés, tout en permettant l'utilisation d'anglicismes et d'expressions familières.

Au Québec, au primaire, le Ministère de l'Éducation (MEQ) privilégie le « registre de langue » qui cherche à encourager les élèves du 1er cycle du primaire à utiliser la langue appropriée, familière ou standard.[6] Au secondaire, le MEQ privilégie l'acquisition de la langue standard (la langue soignée), dans le but de permettre à l'élève d'interagir et de « communiquer

---

[4] Voir LEGENDRE (2006).
[5] Voir OSTIGUY et AL. (1993), et PRÉFONTAINE et al. (1998).
[6] MEQ (2001).

efficacement dans un grand nombre de situations scolaires et sociales ».[7] Pour sa part, le niveau soutenu (ou recherché) figure au cursus du 2e cycle du secondaire.[8]

Toute description des niveaux de langue doit comprendre l'idée que la compétence langagière, dont les niveaux témoignent forcément, se divisent en deux catégories : la compétence à l'oral et la compétence à l'écrit. Au cours de ma carrière, j'ai rencontré beaucoup d'étudiants de langue française (du Québec, de la France, de l'Europe et de l'Afrique francophones) dont le niveau à l'oral dépasse, de manière très significative, le niveau à l'écrit.[9] Un étudiant peut avoir un niveau de langue soutenu, voire soigné, et, en même temps, démontrer de fortes lacunes à l'écrit. La non-maîtrise des règles orthographiques, grammaticales et syntaxiques rend parfois l'écrit incompréhensible.

Face à toutes les variétés de langue parlée de par le monde et leurs réalisations phonétiques différentes, pouvons-nous vraiment dire qu'il existe une *bonne* prononciation du français ?[10] La variation phonétique observée dans tous ces milieux est, bien sûr, liée aux individus qui utilisent la langue dans leurs environnements respectifs (époque, lieux, sexe, instruction, éducation, famille, revenu, classe sociale), sans oublier que la langue « est une relation sociale qui passe nécessairement par l'individu [et que le] filtre linguistique est l'ancrage individuel de la langue.[11]

Certaines habitudes, dans l'usage de la langue et sa phonétique propre, pourront converger ou diverger dans une communauté donnée. Par exemple, l'utilisation du phonème non-arrondi [ɛ̃] à la place du phonème arrondi [œ̃] dans *brun* et qui a fait son apparition en France témoigne d'une valorisation de [ɛ̃] dans l'usage où l'opposition entre /ɛ̃/ et /œ̃/ tend à disparaître. Il y a là une certaine convergence dans l'usage. Les habitudes peuvent aussi diverger, comme dans le cas du mot *garage* à Montréal où certains individus

---

⁷ MELS (2006 : 119).

⁸ MELS (2009).

⁹ Épreuve d'admission au collégial, sous ma responsabilité, en tant que professionnel dans le réseau public.

¹⁰ P. MARTIN (1996 : 4)

¹¹ P. MARTIN (1996 : 4).

peuvent prononcer la diphtongue [aᵘ] dans *garage* prononcé [garaᵘʒ] qui est dénigrée par certains et valorisée par d'autres, au même titre que la diphtongue [œʸ] de *beurre*, prononcé [bœʸr], au même titre que la prononciation de *poteau* à Québec où la convergence de l'usage valorise la voyelle postérieure mi-ouverte /ɔ/ dans [pɔto] et où, à Montréal, la convergence de l'usage valorise la voyelle postérieure mi-fermée /o/ dans [poto]. On dira qu'il y a divergence dans la prononciation de *poteau* qu'on soit à Québec ou à Montréal.[12] Il y a plutôt *fluctuation* dans la prononciation de *poteau* quand la même personne alterne entre la voyelle mi-ouverte de [pɔto] et la voyelle mi-fermée de [poto], sans distinction entre les fonctions des deux voyelles.

Les individus portent, très certainement, un jugement de valeur sur leur façon de parler et sur la façon dont les autres parlent. Il y a, malheureusement, depuis toujours, une tendance à croire que, ce qui est prononcé par les personnes instruites (très scolarisés ou en haut de l'échelle sociale) doit être *plus* valorisé et que cet usage représente la *bonne* prononciation.[13] L'idée que, par exemple, la prononciation en France a une plus grande valeur que celle du Québec[14] peut contribuer aux erreurs vécues dans nos écoles quand une personne ayant grandi en France est placée devant l'usage d'enfants québécois. Si nous ne corrigeons pas la prononciation de *brun* en France, on ne corrige pas plus la prononciation des variantes de *garage*, de *beurre* ou de *poteau* au Québec. Cela reviendrait à vouloir modifier unilatéralement l'usage d'une partie de la société parlante ou, pire encore, l'usage des parents qui sont les premiers responsables de la transmission de la langue maternelle. Imposer un usage « cultivé » ou « normatif » dans ce cas, n'a tout simplement pas sa place dans nos écoles. La langue française n'a pas de norme unique. Elle n'est pas, non plus, un rouleau compresseur qui aplatit les variétés. Il y a *des* normes multiples, des variations multiples et vivantes, auxquelles sont

---

[12] Ce que P. MARTIN (1989) appelle *flottement* dans *Fluctuations et flottements vocaliques en franco-canadien*, Dilbilim, VIII, pp. 87-100.

[13] P. MARTIN (1996 : 5).

[14] Témoignage en classe d'une étudiante dans mon cours d'Intervention.

attachés les individus qui parle la langue française.[15] Une nation doit être fière de la variété de ses usages particuliers.[16] Si le parisien a un accent à Montréal et si le montréalais a un accent à Paris, c'est que la langue fonctionne et que les usagers sont en mesure de détecter les différences propres aux variétés de la langue.

L'idée d'imposer une norme ou un standard international quelconque à des enfants scolarisés dans un quartier défavorisé de Montréal (ou ailleurs au Québec) est non seulement mal avisé, elle est complètement ridicule. Ce n'est pas aux enfants de s'ajuster à l'usage d'une enseignante venue de Paris ou de Montpellier, mais bien à l'enseignante de respecter l'usage défini par les locuteurs du milieu. De ce point de vue, dans le domaine de la stimulation du langage, il ne faut surtout pas corriger des diphtongues comme [aᵘ] et [œʸ]. Il faut simplement s'assurer que les enfants intègrent l'ensemble des voyelles du français en vérifiant qu'elles existent dans d'autres monèmes de la langue.

Le cas de *garage*, à ce titre, est intéressant puisqu'il témoigne, dans le même monème, de l'existence de [a] après [g] dans [garaᵘʒ]. Autrement dit, il ne faut pas s'inquiéter face à l'apparition de productions comme [garaᵘʒ] et [bœʸr] puisque les enfants du Québec intègrent rapidement, tout comme leurs parents, d'ailleurs, l'ensemble des phonèmes du français.

Pour revenir au concept de norme, les intervenants doivent faire très attention à ne pas confondre l'usage fait par les individus d'un milieu donné avec leur propre perception individuelle de ce que

---

[15] Les variétés identifiées à Paris, à Marseille, à Bordeaux, à Strasbourg, à Bruxelles, à Lausanne, sont des systèmes particuliers avec leurs normes individuelles, tout comme à Montréal, à Québec, à Chicoutimi, à Matane ou à Natashquan où ces endroits ont, eux aussi, des normes d'usages individuelles à respecter. Les variations d'usages auxquelles sera confronté l'enfant facilitent son apprentissage du langage. Sa maîtrise des variations apparaît incontournable (DEVEVEY 2013 : 18 et ARNON 2011 : 3).

[16] Nous pourrions ici faire intervenir la notion de *dialecte*, pas du tout péjorative, pour parler de la forme régionale et particulière d'une langue. Voir DUBOIS (1973) pour qui *le dialecte est une forme d'une langue qui a son système lexical, syntaxique et phonétique propre et qui est utilisé dans un environnement plus restreint que la langue elle-même.*

devrait être la langue parlée de l'enfant dont ils ont la charge. C'est bien là où réside le danger de mal observer, de mal décrire et de mal dépister en français.

Dans le cas de l'intercompréhension qu'il faut souhaiter à tous les locuteurs du français, il faut se rappeler que, comme le dit si bien Pierre MARTIN, « le français fonctionne d'autant mieux comme moyen de communication international que les variétés nationales seront fortes, dynamiques et valorisées ».[17] C'est bien dans la force et la multitude des variétés nationales, comme celles véhiculées dans les œuvres de Xavier Dolan et de François Truffaut que l'intercompréhension, entre différents continents et différents individus qui ont le français comme système, demeure possible et souhaitable.

---

[17] P. MARTIN (1996 : 5)

La langue, la communication et la parole

L'être humain communique et l'enfant apprend sa langue.[18] Il peut transmettre ses informations et ses messages, à l'aide de l'appareil phonateur. La production de la parole demeure une spécificité des langues naturelles et demeure donc propre à une communauté de personnes.[19] Pour André MARTINET, la langue « est un instrument de communication selon lequel l'expérience humaine s'analyse, différemment dans chaque communauté, en unités douées d'un contenu sémantique et d'une expression phonique, les monèmes ; cette expression phonique s'articule à son tour en unités distinctives et successives, les phonèmes, en nombre déterminé dans chaque langue, dont la nature et les rapports mutuels diffèrent eux aussi d'une langue à une autre ».[20] Sa définition résume bien ce qu'est la langue qui permet aux individus de communiquer entre eux. À la base, la **communication** humaine est avant tout le produit de la **parole** qui, à travers les individus qui la produisent, se définit par une intention de communication avant que les paroles ne soient produites. La parole humaine est particulière : nous pouvons effectivement la découper en mots, les monèmes ou les unités significatives minimales, et en sons, les phonèmes ou les unités distinctives minimales. La parole humaine se différencie de la multitude de signes et symboles qui n'impliquent pas l'usage de ces unités distinctives minimales.[21] Certains messages émis par le biais de signes ou de symboles (ou par tout autre moyen expressif) ne font pas appel à l'utilisation de la voix humaine et les sons qu'elle produit : le pictogramme, la gravure, l'image, la photo, l'icône, la carte géographique, le code de la route, la gestuelle, la mimique faciale, le non verbal, le texte

---

[18] Voir RONDAL (1999) pour une présentation accessible à tous du développement du langage chez l'enfant, RONDAL (2006) pour une présentation plus académique de l'acquisition du langage et ROCCHESANI (2018) pour l'aspect développemental du langage. Voir l'ANNEXE 3 pour un tableau synoptique sur le développement du langage et l'ANNEXE 4 pour les signes d'appel.

[19] P. MARTIN (1996 : 10).

[20] MARTINET (1977 : 20).

[21] Voir MOUNIN (1971 : 29) pour une discussion plus élaborée.

écrit, la musique symphonique, la peinture, la poterie et la sculpture, pour ne nommer que ceux-là. Il nous faut souvent interpréter les signes (et symboles) observés pour en *déduire* le message qu'un émetteur cherche à transmettre. C'est souvent le cas avec les pictogrammes, par exemple, où le récepteur a parfois du mal à comprendre le message qu'on veut lui faire saisir. De même, au même titre que les arts visuels, le code de la route existe uniquement pour nous guider dans nos déplacements. Le feu rouge fonctionne. Il est programmé de manière à nous éviter des accidents, mais il n'a pas en lui une intention de communication, au même titre que toutes les productions artistiques que nous cherchons à *interpréter*. Elles sont là, elles existent, nous les apprécions énormément, mais elles n'ont pas en elles une intention de communication connue qui nous faciliterait la raison pour laquelle l'artiste les met en forme.

De par sa nature même, la communication orale humaine comprend des éléments fondamentaux qui dépendent, forcément, du besoin du locuteur (l'émetteur) de se faire entendre et d'être compris par un interlocuteur qui reçoit le message (le récepteur). La production vocale des sons fait nécessairement appel aux unités distinctives minimales que partagent les interlocuteurs d'une même langue. De cette façon, le décodage à partir de la perception auditive permet au récepteur de comprendre que [ʒ] + [e] + [œ̃] + [b] + [ɔ̃] + [ʃ] + [j] + [ɛ̃] est un message dans sa langue et qu'il soit interprété comme étant bien ***J'ai un bon chien***. La perception auditive joue donc un rôle primordial dans la capacité des individus à recevoir et à décoder le message, conformément à l'intention qu'a l'émetteur quand il s'exprime en prenant la parole.

La personne qui parle a recours aux systèmes de sa **langue**. La langue d'un peuple a ce caractère unique qui fait qu'elle a réussi à devenir un système commun, partagé, connu et reconnu par les individus qui utilisent les mêmes structures quand ils se parlent. Ce système comprend la phonologie (l'inventaire des sons), le lexique (l'inventaire des mots, le vocabulaire), la grammaire (les règles plus ou moins rigides et prescrites à suivre pour que le système fonctionne), la morphologie (la construction du mot et ses règles d'assemblage) et la syntaxe (les règles obligées par lesquelles les unités se combinent en phrases). Ce système ordonnancé fait en sorte que la communication entre ces individus (qui partagent un même territoire linguistique et culturel) revêt d'un caractère institutionnel humain.[22] Les frontières politiques font aussi que les territoires se définissent par la langue. On reconnaîtra aisément, au Québec et en France (et aussi dans les pays francophones d'Europe et d'Afrique), que la langue parlée est le français, soit un seul et même système, avec ses variétés régionales ou dialectes.[23] On reconnaîtra l'anglais comme la langue de la majorité aux États-Unis (et dans les pays de l'ancien *Commonwealth*) et l'espagnol comme langue commune de la majorité en Espagne, au Mexique, dans les pays hispanophones de l'Amérique Centrale et de l'Amérique du Sud. Lorsque nous rencontrons des individus venus d'ailleurs, il est bien normal de poser la question : *Quelle langue parlez-vous ?*

En ce qui a trait à la **parole**, nous pouvons la définir comme étant la langue en action, la faculté de s'exprimer par le langage articulé,[24] ou encore l'usage particulier d'une langue dans notre manière de parler. Comme le dit André MARTINET (1970 :25), la parole ne fait que concrétiser l'organisation de la langue. On dira de quelqu'un qu'il parle bien, qu'il s'exprime bien. À preuve, rappelons-nous les premiers vers de la fable ***Le Corbeau et le Renard*** de Jean de La Fontaine : *Maître corbeau, sur un arbre perché, Tenait en son bec un fromage. Maître renard, par l'odeur alléché, Lui tint à peu près ce langage : Hé ! bonjour, Monsieur du Corbeau. Que vous êtes joli ! Que vous me semblez beau !* Ce texte nous rappelle que le langage est l'expression vivante et concrète de la langue. Ici, la parole est en action. Elle est l'usage particulier de la langue du fin Renard qui s'exécute en belles paroles flatteuses afin de soutirer le fromage au Corbeau.

---

[22] André MARTINET (1970 : 8).

[23] Voir DUBOIS (1973) la longue définition donnée au mot **dialecte** qui, essentiellement, recouvre la langue d'une région.

[24] Voir aussi DUBOIS (1973) qui définit la **parole**, terme confondu avec le **langage**, comme étant la faculté naturelle de parler.

L'appareil phonateur

Les sons de la parole, que ce soit pour les voyelles ou pour les consonnes, sont produits à l'aide de mécanismes physiologiques des organes de la phonation qui participent à leur réalisation phonétique articulatoire.

L'appareil phonateur humain[25] est composé du diaphragme, des poumons, du larynx et des cavités supra-glottiques (le pharynx, les fosses nasales, la cavité buccale et la cavité labiale).[26]

Le diaphragme et les poumons

L'action conjointe du diaphragme et des deux poumons est exigé à la respiration. C'est le muscle du diaphragme qui permet aux poumons d'entrer en action, c'est-à-dire, de se remplir ou de se vider de l'air utilisé lors de l'échange gazeux entre l'oxygène et le dioxyde de carbone lors de la respiration. Pour parvenir aux poumons, l'air passe par la bouche et/ou le nez, le pharynx, le larynx et la trachée qui, elle, mène aux bronches.

À la phase de l'inspiration (la prise d'air) le diaphragme se contracte et s'abaisse. L'action des muscles intercostaux ouvre la cage thoracique qui se dilate de manière à introduire l'air ambiant dans les poumons qui, par cette action, se gonflent (se remplissent). À la phase de l'expiration (l'expulsion de l'air), le diaphragme se relâche (se détend) et remonte en position de repos dans la cage thoracique, ce qui permet aux muscles intercostaux de se détendre et aux poumons de se dégonfler (se vider) en expulsant l'air à l'extérieur. Les poumons sont des organes spongieux et élastiques

---

[25] La distinction est importante. La plupart des mammifères ayant la respiration comme système d'échange gazeux ont aussi des cordes vocales, même s'ils n'ont pas la parole comme mode de communication. L'éléphant a un barrissement, le lion un rugissement, le loup un hurlement, le chien un aboiement, le chat un miaulement, le cheval un hennissement, le chameau un blatèrement, le renard un glapissement, la vache un beuglement, le cochon un braillement, la marmotte un sifflement, la chèvre un béguètement, pour ne nommer que ceux-là.

[26] Pour aller plus loin, voir E. GARDE (1970) et F. LE HUCHE (1991).

qui fournissent l'air nécessaire à la production des sons humains.

Le larynx

Le larynx qui est composé de cartilages, renferme les cordes vocales et agit, avec le concours de l'épiglotte qui bascule sur lui quand nous buvons et mangeons, comme valve protectrice de la trachée qui est la porte d'entrée des poumons. L'ouverture des cordes vocales dans le larynx (la fente glottique) est requise à la respiration et le larynx protège les cordes vocales qui sont ancrées en lui et jouent leur rôle crucial empêchant les noyades et les fausses routes de bols alimentaires qui doivent passer par l'œsophage pour se rendre au tube digestif dont le premier arrêt est l'estomac.

Les cordes vocales fonctionnent en deux phases pour la production des sons : la première, quand elles se rapprochent l'une de l'autre pour créer leur adduction (leur union quand elles se touchent) et quand elles s'écartent, pour créer leur abduction (leur séparation). Le double mouvement rapide de l'adduction et de l'abduction des cordes vocales se produit plusieurs fois par seconde dans le larynx. C'est cette action qui produit la voix (les vibrations sonores) et qui donne à la voix son timbre. Le larynx des femmes est généralement plus petit que le larynx des hommes. Les femmes ont, généralement, un timbre plus haut que les hommes. Dans le domaine du chant, les femmes auront des voix avoisinant le contralto ou le mezzo-soprano tandis que les hommes auront des voix qui avoisinent le baryton ou le ténor.

L'action des cordes vocales produira des sons sonores quand elles vibrent ou bien produira des sons sourds quand elles ne vibrent pas ou très peu. La fréquence des vibrations des cordes vocales est déterminée par la pression plus ou moins forte d'air provenant des poumons et des degrés de tension des muscles du larynx.[27] L'augmentation des battements des cordes vocales se fait en fonction de la pression qu'exercent les poumons lors de l'expulsion de l'air qu'ils contiennent et des tensions provoquées

---

[27] P. MARTIN (1996 : 79).

sur elles par les muscles du larynx.

Le pharynx

Le pharynx se situe directement à l'arrière de la langue. Il conduit soit vers le larynx (la porte d'entrée de la trachée et des poumons) soit vers l'œsophage (la porte d'entrée du tube digestif et de l'estomac). Le pharynx, lorsque l'air est expulsé des poumons est le premier résonateur du son laryngien produit par les cordes vocales. Le palais mou qui se termine par l'uvule (la luette) permet à l'air de s'échapper non seulement par la bouche mais aussi par les fosses nasales conduisant au nez, lorsqu'il se détache de la paroi du pharynx.

Lorsque le palais mou s'appuie à la paroi pharyngale, il empêche l'air de pénétrer la cavité nasale. L'air est donc expulsé seulement par la bouche et le son produit est alors oral pour les voyelles [i], [e], [ɛ], [a], [y], [ø], [œ], [ɑ], [u], [o] et [ɔ], et oral pour les consonnes [p], [t], [k], [b], [d], [g], [f], [s], [ʃ], [v], [l], [z], [ʒ], [j], [ɥ], [w] et [r]. Il est nasal quand l'air s'échappe à la fois par la bouche et par le nez, quand le palais mou se détache de la paroi pharyngale pour donner les voyelles [ɛ̃], [œ̃], [ɑ̃] et [ɔ̃] ou pour donner les consonnes [m], [n] et [ɲ]. La cavité nasale est un résonateur des sons laryngien et pharyngien.

La cavité buccale

La cavité buccale est elle aussi un résonateur. La partie supérieure de la cavité se compose de trois segments : les incisives supérieures qui participent aux articulations dentales ([f] et [v]) ; les alvéoles (situées derrière les incisives) qui participent aux articulations alvéolaires ([t], [d], [l], [n], [s], [z], [ʃ] et [ʒ]) ; le palais dur qui participe aux articulations palatales ([j], [ɥ] et [ɲ]); le palais mou (ou voile du palais) qui participe aux articulations vélaires ([k], [g] et [w]) ; et, enfin, l'uvule (la luette) qui participe au son uvulaire [r].

Dans la partie inférieure de la cavité buccale se trouve l'articulateur principal des sons français : la langue. Deux parties de la langue participent à la production des sons. Il s'agit de la pointe de la langue (l'apex) et le dos de la langue.

Lorsque la langue s'appuie sur la partie supérieure de la cavité buccale (la voûte), elle permet de bloquer l'air expulsé par les poumons pour produire des consonnes occlusives (voir [t], [d], [n], [k], [g] et [ɲ]) en relâchant le point de blocage. Lorsque la langue resserre de façon significative, sans la fermer, l'air s'écoule plus ou moins difficilement, pour créer une friction (ou une constriction) qui peut être perçue comme un bruit. Cette friction ou constriction de la cavité buccale définit la production des consonnes constrictives en français ([l], [s], [z], [ʃ], [ʒ], [j], [ɥ], [w] et [r]).

Lorsque la langue ne s'appuie pas contre la partie supérieure de la cavité buccale et qu'elle demeure éloignée de la voûte elle permet à l'air de s'écouler librement, l'appareil phonateur produit alors des voyelles. Dans ce cas, le degré d'aperture observé dans la proximité de la langue avec la voûte palatine permet de mesurer ce degré d'aperture (d'ouverture) des voyelles. L'aperture de la cavité buccale permet donc de distinguer les voyelles fermées ([i], [y] et [u]) des voyelles mi-fermées ([e], [ø], et [o]), des voyelles mi-ouvertes ([ɛ], [œ], [ɔ], [ɛ̃], [œ̃] et [ɔ̃]), des voyelles ouvertes ([a], [ɑ] et [ɑ̃]).

Selon l'endroit où elle s'appuie dans la cavité buccale supérieure, la langue rend possible la distinction des lieux d'articulations propres aux consonnes et propres aux voyelles. En français, par exemple, la langue se découpe en deux segments : la pointe pour les articulations apicales ([t], [d], [l] et [n]) et le dos pour les articulations impliquant une partie du dos de la langue dans la production articulatoire des sons ([s], [z], [ʃ], [ʒ], [j], [ɥ], [ɲ], [k], [g], [w] et [r]).[28]

La cavité labiale

La lèvre inférieure, en français, joue deux rôles. Elle est, dans un

---

[28] Ces phonèmes regroupent les prédorso-alvéolaires, les prédorso-post-alvéolaires, les dorso-palatales, les dorso-vélaires et la consonne dorso-uvulaire.

premier temps, l'articulateur des consonnes [p], [b] et [m] dont le lieu d'articulation est la lèvre supérieure et des consonnes [f] et [v] dont le lieu d'articulation sont les dents supérieures. Dans un deuxième temps, elle participe, au même titre que la lèvre supérieure, à la projection des lèvres en tant que résonateur en français. La cavité labiale permet donc de distinguer les sons qui entrent en opposition à partir du trait articulatoire qui repose sur la projection des lèvres. En français, les consonnes [ʃ], [ʒ], [ɥ] et [w] sont labialisées. Dans le cas des voyelles, les lèvres sont, ou bien non-arrondies (avec les lèvres écartées), comme dans l'articulation de [i], [e], [ɛ], [a], [ɑ] et [ɛ̃] ou bien arrondies, avec les lèvres projetées vers l'avant dans l'articulation de [y], [ø], [œ], [u], [o], [ɔ], [œ̃] et [ɔ̃].

La cavité nasale

La cavité nasale, qu'on appelle parfois les fosses nasales, est une cavité supra-laryngale qui a pour fonction principale d'être le résonnateur des sons provenant du larynx et du pharynx. Lorsque le palais mou est détaché de la paroi pharyngale, l'air provenant des poumons s'échappe à la fois par la cavité orale et la cavité nasale, ce qui produit un son nasal. En français, les voyelles nasales sont [ɛ̃], [œ̃], [ɔ̃] et [ɑ̃]. Les consonnes nasales sont [m], [n] et [ɲ].

L'illustration supra-glottique suivante présente les différentes cavités impliquées dans l'articulation des sons.

L'appareil phonateur

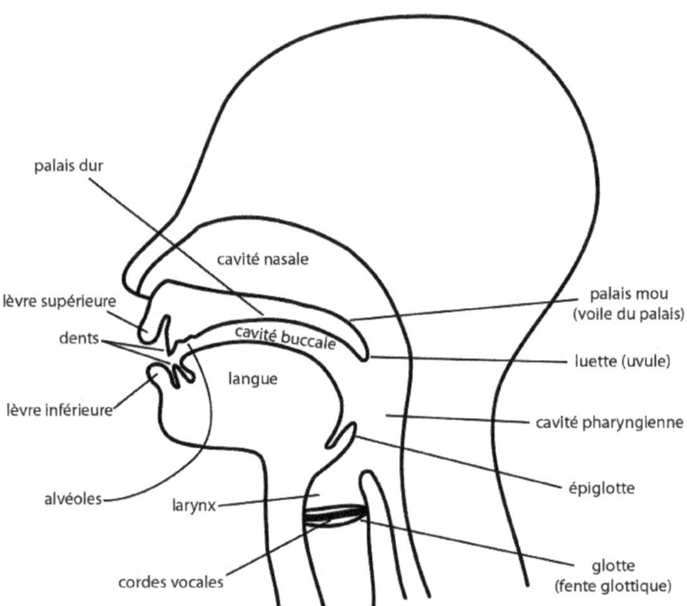

L'illustration suivante présente les lieux d'articulations du français : la *lèvre supérieure*, *les dents supérieures* (les incisives), *les alvéoles*, *le palais dur*, *le palais mou* (le voile du palais) et *la luette* (l'uvule).

Les lieux d'articulations

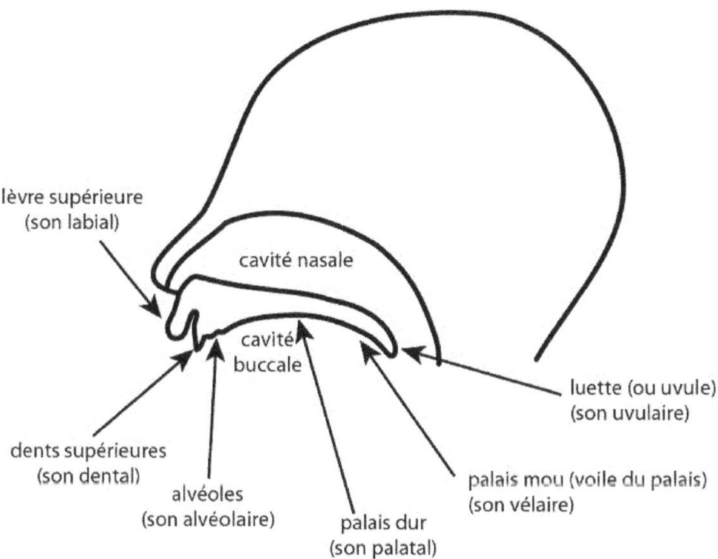

L'illustration suivante présente les articulateurs du français (la lèvre inférieure et les parties de la langue indiquées par des pointes de flèches).

Les articulateurs

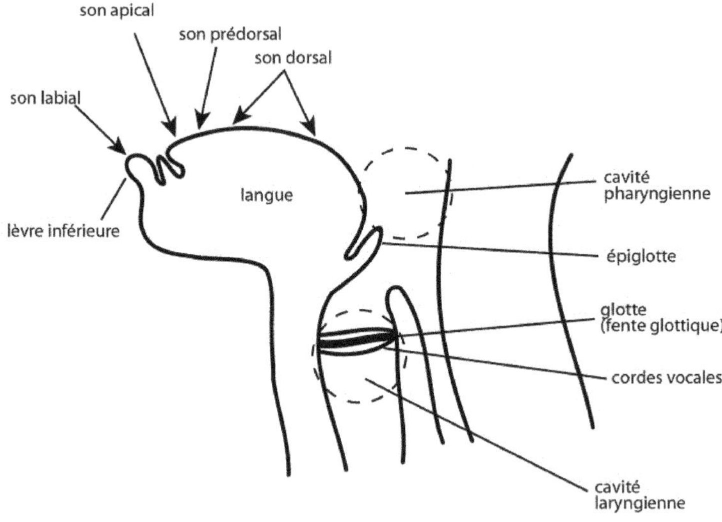

Le son et la lettre

On dit que la parole a pour fonction la communication. Le langage parlé s'articule en sons, que nous appelons les *phonèmes*. Les phonèmes sont produits à l'aide de *l'appareil phonateur* et l'ensemble des organes de la parole et des muscles qui les actionnent permettant la production des phonèmes propres à la langue parlée. Cet appareil est composé, à la base, du diaphragme, des poumons, du larynx et ses cordes vocales, les fosses nasales, la cavité buccale (la bouche), les articulateurs (la lèvre inférieure et la langue) et les lieux d'articulations (la lèvre supérieure, les dents supérieures, les alvéoles, le palais dur, le palais mou et la luette).

Les langues sont nécessairement parlées avant d'être écrites, ce qui implique que la parole et le son articulé ont manifestement préséance sur l'écrit. Le système de l'écriture d'une langue subit les influences historiques et évolutives, mais demeure une expression graphique qui suit, a priori, l'existence même de sa langue orale, de telle sorte que l'écrit conservera, dans la durée, les vestiges et les archaïsmes qui l'ont vu naître. En français, par exemple, nous avons encodé, à l'écrit, des mots comme *oignon* dont l'orthographe persiste obstinément dans le temps. ***Ognon*** a fini par faire son apparition, mais la double orthographe du mot va subsister, tant et aussi longtemps que les individus maintiennent leur attachement à l'étymologie du mot. D'autres cas, aussi, témoignent de cette lente évolution de la langue écrite. Par exemple, la subsistance de la lettre *-i-* dans le segment *-ign-* : ***besoigne*** devenu ***besogne***, ***montaigne*** devenu ***montagne***, ***campaigne*** devenu ***campagne***, ***aigneau*** devenu ***agneau***.[29] L'évolution de la langue ne se soustrait pas facilement des influences historiques et les graphies anciennes de l'écrit peuvent perdurer pendant des siècles pour figer l'écriture dans des formes contradictoires avec l'usage modernisé de la langue.[30]

Les productions articulatoires de la parole se découpent en unités discrètes appelées les sons (phonèmes). Les sons participent à la formation de la chaîne parlée et, à travers elle, le mot et la phrase produits par le locuteur[31] prennent forme. Un individu produit la parole (qui construit un message) et s'adresse à quelqu'un, soit au récepteur (un interlocuteur ou destinataire).

Les phonèmes du français sont définis par les productions phonétiques (articulatoires) qui les différencient. Leur description revêt une très grande importance. Elle nous permet de les définir à partir des caractéristiques essentielles qui les distinguent et qui nous permettent de décrire leurs oppositions fonctionnelles dans le système de la langue. Le symbole phonétique du son - l'unité articulatoire physique décrite par le phonéticien dans ce qu'elle a d'acoustique, d'auditive, de perceptive, de descriptive - est présenté entre crochets ([]). Le symbole phonologique du son - l'unité distinctive qui s'oppose aux autres unités du système et qui se caractérise par un ensemble de traits, qu'on appelle aussi un

---

[29] https://www.lalanguefrancaise.com/orthographe/oignon-ou-ognon

[30] Pour plus d'exemples, voir Académie française (1990) : *Rectifications de l'orthographe,* Journal officiel de la République française, Édition des documents administratifs, 18 p.

[31] Pour DUBOIS (1973), il s'agit ici du sujet parlant qui produit les énoncés, par opposition à celui qui les reçoit et y répond.

faisceau de traits, ayant une fonction dans la langue - est présenté entre obliques (//).

Les oppositions qui rendent un phonème distinct par rapport à un autre phonème peuvent, en ce sens, se définir à partir de leurs traits distinctifs. Nous parlerons, à ce moment-là, des *traits distinctifs* des phonèmes constitués vocalement et qui assurent les oppositions. Il n'y a donc pas une multitude de traits opposant /p/ de /b/. /p/ et /b/ sont des consonnes produites par l'adduction des lèvres. Elles sont toutes les deux des consonnes bilabiales. Elles sont occlusives, ce qui implique une occlusion de la bouche avant leur explosion. Un seul trait distinctif les distingue : la *sonorité*. /p/ est une consonne *sourde* (les cordes vocales ne vibrent pas, ou très peu, lors de sa réalisation) et /b/ est une consonne *sonore* (les cordes participent dans la réalisation de cette bilabiale). En français, le monème *pont* [põ] s'oppose au monème *bon* [bõ]. La relation entre /p/ et /b/ présente une opposition d'unités minimales qui nous permet de les différencier. Il n'y a qu'un seul trait distinctif[32] qui distingue /p/ de /b/ et c'est celui qui leur permet de fonctionner dans le système de consonnes plus large, où toutes les oppositions entrent en relation les unes avec les autres. Dans les cas de /p/ et /b/, cette fonction d'opposition est liée à la vibration des cordes vocales qui permet la distinction entre les deux sons sur la base de l'opposition d'un son qui est sourd (comme [p], [t] et [k]) et un son qui est sonore (comme [b], [d] et [g]). Les phonèmes /p/ et /b/ sont aussi en opposition avec le phonème /m/, de la même manière que /t/ et /d/ sont en opposition avec /n/. Ce qui distingue *pont* [põ] et *bon* [bõ] de *mont* [mõ] n'est pas une opposition qui se trouve dans le lieu d'articulation bilabial de [m] qui est évidemment identique à celui de [p] et [b]. Ce qui oppose /p/ et /b/ de /m/ est le *mode articulatoire* des trois phonèmes qui permet de les différencier. /p/, /b/ et /m/ sont mutuellement occlusives, mais uniquement /m/ se définit par le trait distinctif de la *nasalité*, d'où l'opposition en français entre les deux consonnes bilabiales *orales* et la consonne bilabiale *nasale*. Pareillement, ce qui distingue *ton* [tõ] et *don* [dõ] de *non* [nõ] n'est pas une opposition sur la base du

---

[32] En phonologie, les termes *distinctif*, *oppositif* et *pertinent* sont synonymes (voir P. MARTIN 1983 : 51).

lieu d'articulation apico-alvéolaire. Le lieu d'articulation de [n] est identique à celui de [t] et [d]. Ce qui oppose /t/ et /d/ de /n/ est le mode articulatoire qui permet de circonscrire leur fonction dans la langue. /t/, /d/ et /n/ sont des consonnes occlusives, mais uniquement /n/ se définit par le trait distinctif[33] de la *nasalité*, d'où l'opposition, en français, entre les deux consonnes apico-alvéolaires **orales** et la consonne apico-alvéolaire **nasale**. Donc, en français, le trait *oral* s'oppose au trait *nasal* dans les paires minimales suivantes:

pont [pɔ̃] ≠ *mont* [mɔ̃]   **bon** [bɔ̃] ≠ *mont* [mɔ̃]
ton [tɔ̃] ≠ *non* [nɔ̃]   **don** [dɔ̃] ≠ **non** [nɔ̃]

Il n'y a pas non plus une multitude de traits permettant d'opposer, dans leur fonction dans le système, le phonème /f/ de *feu* [fø] du phonème /v/ de *vœu* [vø]. Les deux consonnes sont produites avec la lèvre inférieure qui touche le même lieu d'articulation, à savoir les dents supérieures. Dans la production de ces deux consonnes, l'air est expulsé à l'extérieur de la bouche, de manière ininterrompue, de sorte qu'il n'y a pas un blocage de l'air complet (comme dans le cas des consonnes occlusives) du chenal buccal pendant leur réalisation. Il y a friction ou constriction du passage de l'air, plus ou moins serré, mais il n'y a pas d'interruption respiratoire. Les phonèmes /f/ et /v/ sont donc, par définition, des consonnes constrictives, au même titre que /s/ de *sot* [so], /z/ de *zoo* [zo], /ʃ/ de *chant* [ʃɑ̃] et /ʒ/ de *gens* [ʒɑ̃] qui, sans toutes partager le même articulateur, ni le même lieu d'articulation sont, du reste, des consonnes constrictives. Ce qui distingue /f/ et /v/ dans le système des consonnes, n'est pas leur lieu d'articulation mais bien leur **sonorité**. Le phonème /f/ s'oppose au phonème /v/ parce que [f] est sourd et que [v] est sonore. Leur opposition phonologique dans le système des consonnes est définie par le trait distinctif (ou la marque distinctive) de la sonorité qui les

---

[33] Le trait distinctif (ou *pertinent*) est envisagé ici au sens que lui donne Pierre MARTIN dans son lexique (laboratoire phonétique de l'Université Laval), à savoir une *quantité discontinue* ou *unité discrète* (voir la définition qu'il en donne au lexique qui accompagne cet ouvrage).

différencie:

feu [fø] ≠ *vœu* [vø].

sot [so] ≠ *zoo* [zo]

chant [ʃɑ̃] ≠ *gens* [ʒɑ̃]

Lors de son apprentissage de la langue française,[34] l'enfant aura parfois une très grande difficulté à distinguer ce qui relève de la graphie écrite de la langue et ce qui relève de la phonétique qui résulte de la mise en fonction de l'appareil phonateur. En se fiant à la graphie traditionnelle du mot, il est porté à identifier les quatre lettres du mot *chat*. Il peut les compter, objectivement 1, 2, 3, 4 lettres. Si nous lui demandons d'identifier les sons, ce sera, dans bien des cas, une tout autre histoire. Est-ce que le développement de sa conscience phonologique lui permettra d'identifier correctement les deux sons de [ʃɑ]? Le même exercice d'identification peut être fait avec le mot *maison* pour lequel, la majorité des locuteurs vont rapidement reconnaître l'existence *écrite* de six lettres dans la langue, mais ne vont peut-être pas saisir la représentation phonologique du monème dans ses quatre sons [mɛzɔ̃].

Quelques exemples suffisent à pousser plus loin la difficulté que peut avoir l'enfant à reconnaître à la fois la différence entre la lettre écrite et le son articulé de sa langue:

loup [lu] (4 lettres, 2 sons)   *souris* [suri] (6 lettres, 4 sons)

vent [vɑ̃] (4 lettres, 2 sons)   *auto* [oto] (4 lettres, 3 sons)

beau [bo] (4 lettres, 2 sons)   *chant* [ʃɑ̃] (5 lettres, 2 sons)

En complétant les transcriptions phonétiques des mots,[35] la distinction entre la graphie écrite d'une langue et sa représentation phonétique - ses unités distinctives minimales qui construisent les

---

[34] Pour des présentations complètes de ce sujet, voir RONDAL (1999) et ROCCHESANI (2018).

[35] Nous utilisons l'*Alphabet Phonétique International* (API).

mots - à partir des symboles de *l'Alphabet Phonétique International* (API) est plus facilement discernée.

La perception de cette distinction (écrite/orale) n'est pas toujours évidente pour l'enfant. Il devra être guidé dans son apprentissage à faire cette distinction primordiale entre la graphie de la langue et le son articulé de la parole, un processus qui contribuera au développement de sa conscience phonologique. Bien sûr, les moyens utilisés pour lui faire reconnaitre ces différences jouera un rôle primordial dans cet apprentissage.

Prenons, à titre d'exemple, l'alphabet enseigné dans les écoles. Celui-ci comprend vingt-six lettres.

a, b, c, d, e, f, g, h, i, j, k, l, m, n, o, p, q, r, s, t, u, v, w, x, y, z

Dans le cadre scolaire, la tradition veut qu'on dégage six (6) voyelles et vingt (20) consonnes dans la construction du système écrit.[36] Les lacunes de l'alphabet deviennent pourtant apparentes lorsque nous tentons d'expliquer qu'en phonétique, il y a plutôt quinze (15) voyelles /i, y, e, ø, ɛ, œ, a, ɑ, u, o, ɔ, ɛ̃, œ̃, ɑ̃, ɔ̃/, dont onze (11) étant distinctivement orales /i, y, e, ø, ɛ, œ, a, ɑ, u, o, ɔ/ et quatre (4) étant distinctivement nasales /ɛ̃, œ̃, ɑ̃, ɔ̃/. Celles-ci, dans la graphie de l'écrit, sont les adjonctions de voyelles orales et de consonnes nasales comme /n/ et /m/ dans **bain**, **brun**, **banc**, **bon**, **camp**, **compte** et **impact**. La langue écrite fait donc usage pour ces monèmes de graphies complexes quand, dans la réalité des productions phonétiques, ces voyelles sont très simples, de par leur marque distinctive /nasal/, et en tant qu'unités distinctives minimales.

Il en va de même pour l'interprétation que doivent faire les enfants des consonnes. Entre l'écrit institutionnel et la réalité phonétique de la parole, certaines incohérences sont à noter. Dans le cas de la consonne constrictive prédorso-dorso-alvéolaire /ʒ/, l'écrit a deux

---

[36] Les voyelles sont combinées pour donner des voyelles qu'on dira complexes, comme dans **ai-** (aide), **-ei-** (peine), **-oi-** (poire), **-au-** (chaud), **-ao-** (faon), **-eau** (beau), **ae-** (aérogare), **-eu** (peu), **-ie-** (bien), **-ue** (huer), **-ueu-** (sueur), **-oeu-** (sœur), **-ou-** (tout), pour ne nommer que ceux-là.

représentations, une par la lettre *-j-*, (dans ***jouer***) et l'autre par la lettre *-g-* (dans ***genou***).

Dans le cas de la semi-consonne constrictive dorso-palatale /j/, l'écriture institutionnelle représente le son par quatre graphies distinctes à l'écrit pour un seul et unique son articlé dans la parole:

- comme *-i-* (dans ***cahier*** [kaje] et ***bien*** [bjɛ̃])
- comme *-y-* (dans ***crayon*** [krɛjɔ̃] et ***noyau*** [nwajo])
- comme *-il-* (dans ***soleil*** [sɔlɛj] et ***travail*** [travaj])
- comme *-ill-* (dans ***fille*** [fij], ***bouillon*** [bujɔ̃] *et **cueillir*** [kœjir])

Dans le cas de la semi-consonne dorso-palatale /ɥ/ qu'on rencontre dans des monèmes comme ***huit*** [ɥit] et ***huile*** [ɥil], la représentation qu'en fait la langue écrite est plus stable en ce que le son articulé est toujours symbolisé par la lettre -u- comme en témoignent les mots ***puis*** [pɥi], ***fruit*** [frɥi], ***suie*** [sɥi] et ***lui*** [lɥi].

Le cas de la consonne nasale dorso-palatale /ɲ/ est très particulier. À l'écrit, les individus maintiennent la graphie -ign- dans des mots comme ***oignon***, même s'ils prononcent [ɔɲɔ̃], tandis que, globalement, les prononciations comme [swaɲe] ***soigner***, [pwaɲe] ***poignée*** et [temwaɲaʒ] ***témoignage*** démontrent que la forme écrite de la langue n'est pas en parfaite adéquation avec la prononciation des locuteurs, ce qui fait que l'incohérence persiste à travers ces occurrences ([ɔ] versus [wa]).

La double articulation du langage

Lorsque nous rendons compte de toute expérience par le biais du langage, nous utilisons, d'une part, des unités significatives (unités de première articulation) et d'autre part des unités distinctives (unités de deuxième articulation). Le concept de **la double articulation du langage** est une notion importante[37] qui permet de comprendre la différence entre le *son* et le *mot*.

Plus simplement énoncé, **la première articulation** regroupe les mots (les unités significatives qui ont du sens) de la langue. Ils sont les *monèmes* qui ont leur fonction dans la parole et qu'on identifie à l'écrit de par leur représentation effective (les mots et les phrases). Le monème a une forme sonore appelée le *signifiant*. C'est la production articulatoire phonétique entendue quand la personne parle. Les monèmes ont aussi un sens qui réfère à une réalité significative, c'est-à-dire, ce à quoi réfère le mot, son référent, qu'on appelle le *signifié*.[38] Le monème *chien* est une unité minimale significative qui comprend du sens rattaché à un référent représenté par *l'animal poilu ayant quatre pattes qui peut japper.*

De son côté, **la deuxième articulation** regroupe les unités distinctives minimales de la langue. Elles n'ont pas, *généralement*, de signification et sont représentées par les *phonèmes* (sons) produits par l'appareil phonateur quand les locuteurs parlent. Ces unités ont pour fonction de construire les monèmes. Elles sont identifiables à partir de la segmentation phonologique qui permet, suite aux transcriptions phonétiques effectuées, de les isoler à partir des traits distinctifs qui les caractérisent et les définissent. Les phonèmes sont donc les unités qui permettent aux monèmes d'avoir une représentation auditive, cette production articulatoire phonétique entendue quand la personne parle. Le monème *chien* est donc, dans la parole produite par l'individu, la succession linéaire des trois unités minimales distinctives qui le composent:

---

[37] MARTINET (1970 : 13 et suivantes).
[38] MARTINET (1970 : 15).

[ʃ] + [j] + [ɛ̃] séquence linéaire phonétique qui devient phonologiquement /ʃjɛ̃/

Le signifiant et le signifié font partie intégrante d'un énoncé ayant du sens (une signification). Dans l'énoncé suivant:

La neige est blanche.

Il s'agit d'une production articulée en huit unités significatives minimales (monèmes et morphèmes), à savoir :

- ***La*** (et ses deux composantes): le défini (***l-***) et le féminin (***-a***).
- ***neige :*** monème unique indiquant le concept de la glace qui tombe au sol en flocons.
- ***est*** (et ses trois composantes) : le monème du concept ***être*** (exister), la troisième personne du singulier (***-t***), et le temps présent [/ɛ/].
- ***blanche*** (et ses deux composantes) : le monème du concept de ***blancheur*** et le féminin singulier (***-he***).

Livres à l'intention des parents et traductions

Les incohérences de la langue écrite sont importantes et, si nous nous mettons à la place de l'enseignant qui est appelé à faire découvrir toutes ces subtilités de la langue écrite aux apprenants, il n'est pas exagéré de concevoir à quel point l'utilisation d'outils pédagogiques bien adaptés pour l'analyse des faits observés revêt une importance capitale.

Les textes traduits ou adaptés de l'anglais américain, malgré leur mérite certain, ont ce défaut de transposer des faits anglophones (donc d'une autre langue), dans l'enseignement du système de la langue française, au détriment de références bibliographiques et techniques francophones.[39] C'est une erreur de vouloir adapter un texte (et sa méthode) à partir d'une langue qui n'est pas le français.

Les traductions adaptées à partir de l'anglais ont la difficulté, non moins fâcheuse, de présenter sommairement les phonèmes de notre langue qui sont, à la fin, noyés dans un discours propre à la langue anglaise. De plus, les auteurs ne sont pas, nécessairement, des spécialistes de la structure phonologique du français (les relations liant les unités distinctives minimales dans le système). Ces livres, malgré leur objectif, finissent par escamoter toute présentation sérieuse des phonèmes du français. Pour cette raison, dans ces traductions, la spécificité du français est substituée à un traitement propre à l'anglais.

Les descriptions des systèmes phonologiques (donc des phonèmes), sont malheureusement trop souvent incohérentes ou, pire encore, sur le plan de la présentation, elles peuvent engendrer des confusions importantes, difficilement surmontables par les apprenants, s'ils ne sont pas guidés par une équipe spécialisée. Sans trop nous attarder, il est tout même important de faire ressortir les lacunes présentes dans le manuel de BOWEN pour comprendre à quel point l'influence de la langue source peut nuire à la description d'un phénomène langagier. Par exemple, il est difficile de considérer que le tableau de BOWEN (p. 9) est une représentation complète du système des consonnes.

---

[39] BOWEN (2007) et K. MARTIN (2009).

Les sons en symboles phonétiques	Le mode articulatoire
[p] [b] [t] [d] [k] [g]	Occlusif
[f] [v] [s] [z] [ʃ] [ʒ] [l] [r] [R] [j] [w] [ɥ]	Constrictif
[m] [n] [ɲ]	Occlusif nasal

Le système des consonnes du français n'est pas une réduction exagérée de traits distinctifs des modes articulatoires. Par exemple, l'auteur[40] indique que, dans la production de [po] pour *pomme*, l'enfant réalise qu'il manque le son *long* /m/ à la fin du mot. Pour commencer, le français ne fait pas de distinction de *durée* pour ses consonnes. Il n'y a pas de consonne *longues* ou *brèves* dans son inventaire. Le phonème /m/ est une consonne nasale, tout simplement. Si nous la comparons à un phonème produit à partir d'un autre lieu d'articulation, nous serions sans doute obligés de préciser que /m/ est bilabial.

L'autre difficulté avec le tableau de BOWEN réside dans le fait qu'elle donne l'impression à ses lecteurs (les apprenants, les parents ou les intervenants dans le domaine) que le français fait l'usage de deux /r/. Il est certain que le locuteur français peut produire deux sons *phonétiques* ([r] et ([R] ou [ʁ])) qui demeurent immuablement des *variantes* d'un même et seul phonème. Il existe bien une réalisation phonétique [r] (la réalisation apico-alvéolaire) et [R] (ou[ʁ]) (dorso-uvulaire, qu'on dit grasseyé), mais ces différentes *articulations* phonétiques sont, en français, des réalisations du seul et même phonème représenté par un symbole unique dans le tableau phonologique du français. Nous utilisons /r/ pour des raisons de commodité. Il est, par la convention choisie, plus facile à transcrire.

Le plus surprenant dans le texte de BOWEN, c'est que certaines affirmations sont faites sans expliquer pourquoi tel ou tel phénomène existe, sans préciser quelles relations phonologiques sont impliquées dans les processus qu'elle décrit.[41]

---

[40] BOWEN (2007: 36).
[41] BOWEN (2007 : 6).

Par ailleurs, si l'objectif de BOWEN est de présenter réellement les difficultés phonologiques chez l'enfant, il aurait été souhaitable qu'elle présente, minimalement, le système phonologique des voyelles françaises. Les difficultés phonologiques ne sont pas strictement limitées aux consonnes, même si elles sont, le plus souvent, observées dans les consonnes. Par exemple, en page 14, BOWEN dit que l'enfant perçoit des contrastes entre les voyelles. Elle ajoute « *Ainsi, un bébé reconnaît différemment les mots **belle**, **balle**, et **bulle*** », sans préciser que les différences observées entre [ɛ], [a] et [y] sont intimement liées au degré d'aperture (ouverture) des voyelles et de l'arrondissement des lèvres. /ɛ/ et /a/ sont des voyelles non-arrondies (les lèvres sont écartées), /ɛ/ étant mi-ouverte en aperture tandis que /a/ est ouverte. De son côté, /y/ est une voyelle arrondie (les lèvres sont arrondies pour son articulation) et fermée en aperture. BOWEN n'élabore pas sur les contrastes perçus par les enfants. L'absence d'une présentation rigoureuse du système dans lequel fonctionnent les voyelles et les traits distinctifs associés aux lieux d'articulations, à l'aperture et à l'arrondissement des lèvres nuit à la démonstration qu'elle veut faire.

Dans K. MARTIN[42], les erreurs associées à la transposition et à l'adaptation d'une langue vers l'autre sont encore plus apparentes. L'auteur indique dix-sept (17) consonnes dont certains symboles portent à une confusion certaine, puisque des sons uniques sont bâtis à partir de symboles qui ne proviennent pas de *l'Alphabet Phonétique International* : /p, b, t, d, m, n, k, g, **gn**, f, v, s, z, l, r, **ch**, j/. Encore plus problématique est le fait que K. MARTIN ne donne pas d'exemple lié à l'utilisation de /j/.[43] S'agit-il de /ʒ/ de **genou** (/ʒœnu/) ou de /j/ de **fille** (/fij/) ? La présentation n'est pas claire. Le livre aurait eu avantage de préciser de quel son il s'agit pour éviter toute confusion chez les parents, les intervenants et les professionnels. De plus, aucune mention de l'existence de /ɥ/ comme dans **huit** (/ɥit/) et de /w/ comme dans **oui** (/wi/) n'est faite, preuve que l'adaptation du texte anglais ne réussit pas à décrire la base du système. Une révision plus serrée, faite par un linguiste

---

[42] K. MARTIN (2009: 21).

[43] K. MARTIN (2009: 21).

compétent aurait sans aucun doute évité ces erreurs d'adaptation des deux ouvrages cités.

Encore une fois, les textes qui s'adressent aux parents dressent souvent, malheureusement, qu'un dénombrement de sons (des listes souvent incomplètes) sans établir les rapports qui existent entre les phonèmes de la langue.

La commutation et la segmentation[44]

Les unités ***significatives minimales*** de la première articulation (appelées les ***monèmes***), peuvent être définies dans leurs fonctions en les isolant avec la ***commutation***. L'énoncé ***Le chien est dans la rue*** se compare à d'autres énoncés, comme ***Le chien est noir, Le chien est gros, Le chien est méchant, Le chien est à Paul, Le chien est en train de manger***. Le descripteur est en mesure d'isoler les unités ***dans la rue, noir, gros, méchant, à Paul, en train de manger***. Inversement, la commutation permet d'isoler l'autre segment du message dans ***J'aime mon chien, Il me faut un chien, C'est un très beau chien, Fais manger le chien, Une morsure de chien, Une vie de chien***. Cette opération fondamentale permet d'isoler les unités significatives minimales de la parole:

LE CHIEN EST *dans la rue*	*J'aime mon **CHIEN***
LE CHIEN EST *noir*	*Il me faut un **CHIEN***
LE CHIEN EST *gros*	*C'est un très beau **CHIEN***
LE CHIEN EST *méchant*	*Fais manger le **CHIEN***
LE CHIEN EST *à Paul*	*Une morsure de **CHIEN***
LE CHIEN EST *en train de manger*	*Une vie de **CHIEN***

Bien entendu, ce travail représente la première étape de l'analyse par la commutation. Le descripteur pourra aller plus loin et trouver, compte tenu du corpus à sa disposition, d'autres occurrences comme ***ce chien, un chien, ces chiens, des chiens, les chiens***, qui commutent parfaitement avec l'indicateur de la notion du *défini masculin singulier* (***le***). À partir de là, il sera en mesure d'isoler d'autres indicateurs, incluant le *démonstratif* (*ce*), l'*indéfini* (*un*), et le *pluriel* (*ces, des* et *les*). Certaines unités pourront très bien commuter avec l'unité ***est*** (l'indicateur de l'existence) qui, dans des segments comme ***Le chien mange, Le chien dort, Le chien jappe, Le chien court***, mettent en évidence la relation entre ***mange, dort, jappe***, et ***court***, dans leur fonction de décrire les actions du

---

[44] Pour une présentation de ces concepts, voir MOUNIN (1971).

chien, qu'on regroupe communément dans la fonction du verbe. En dégageant le rôle ou, à plus proprement parler, *la fonction* des unités, le descripteur pourra aussi dégager la fonction que joue l'unité isolée. C'est le ***chien*** qui agit ou qui n'agit pas, soit comme porteur primaire d'une action en tant que sujet dans ***Le chien est en train de manger***, ou bien, inversement, en tant que celui sur lequel une action est portée par quelqu'un d'autre (le concept de *toi*), en tant que complément, dans ***Fais manger le chien***.

La segmentation permet au descripteur d'isoler ces unités minimales à partir de la commutation qui permet de les définir dans leurs fonctions. Si le monème est construit au moyen de phonèmes, ces unités demeurent les plus petites unités de la parole. Elles sont les sons qu'on ne peut pas réduire en unités plus petites. De manière générale, le phonème participe à la construction du monème et a pour fonction de distinguer les monèmes entre eux. Le descripteur est en mesure de segmenter la phrase en unités significatives plus petites:

$$Le + chien + est + dans + la + rue$$

et segmenter les monèmes constituants en douze unités distinctives minimales dans l'expression suivante:

$$(/l/+/œ/) + (/ʃ/+/j/+/ɛ̃/) + (/ɛ/) + (/d/+/ɑ̃/) + (/l/+/a/) + (/r/+/y/)$$

La commutation phonologique fera ressortir la puissance du phonème à exprimer d'autres réalités, sans pour autant utiliser beaucoup plus d'unités minimales distinctives, d'où l'existence d'une certaine économie phonétique en français. Malgré les marqueurs du pluriel dans la phrase ***Le<u>s</u> chien<u>s</u> <u>sont</u> dans le<u>s</u> rue<u>s</u>***, donnera toujours six mots, mais seulement treize phonèmes.

$$(/l/+/ɛ/) + (/ʃ/+/j/+/ɛ̃/) + (/s/ +/ɔ̃/) + (/d/+/ɑ̃/) + (/l/+/ɛ/) + (/r/+/y/)$$

Quant à la description du syntagme (la phrase) en termes de

monèmes,[45] il apparait que celui-ci contient non pas six mots, mais bien treize unités significatives dont cinq indiquent le pluriel :

Les (défini + masculin + pluriel) + *chiens* (mammifère domestique qui jappe + pluriel) + *sont* (idée d'être + pluriel) + *dans* (préposition de lieu) + *les* (défini + féminin + pluriel) + *rues* (la voie bordée de maisons + pluriel).

Les phonèmes du français sont isolés et dégagés par la commutation. Le mot *loup* (/lu/) contient deux unités distinctives minimales. Si nous remplaçons /l/ par d'autres unités identifiées dans l'inventaires des sons du français (ceux observées dans d'autres monèmes), nous obtenons toujours des monèmes en français pour les unités significatives minimales : *lit* (/li/), *lait* (/lɛ/), *la* (/la/), *lu* (/ly/), *le* (/lœ/), *là* (/lɑ/) *lot* (/lo/), *lin* (/lɛ̃/), *lent* (/lɑ̃/) et *long* (/lɔ̃/). La commutation se pratique aussi sur des unités significatives plus complexes, la tâche ayant toujours pour objectif d'isoler les sons de la langue (les unités distinctives minimales). Le monème *pire* /pir/ est construit à partir de trois unités distinctives minimales. La commutation de la voyelle /i/ avec d'autres unités de la même nature (les voyelles du français, dans ce cas-ci), dégagera d'autres monèmes de l'inventaire de la langue. Voici quelques exemples:

père (/pɛr/), *par* (/par/), *pur* (/pyr/), *peur* (/pœr/), *part* (/pɑr/) *pour* (/pur/), *port* (/pɔr/)

La commutation ne se limite pas qu'aux voyelles. Elle permet aussi de dégager les oppositions entre les consonnes du français, comme dans *parc* (/park/), *barque* (/bark/), *marque* (/mark/) ou dans des occurrences réduites à deux sons:

poux (/pu/), *boue* (/bu/), *mou* (/mu/), *fou* (/fu/), *vous* (/vu/)

---

[45] Pour l'auteur, tous les *morphèmes* sont, par définition, des *monèmes*, c'est-à-dire des *unités significatives minimales.*

> *toux* (/tu/), *doux* (/du/), *loup* (/lu/), *nous* (/nu/), *sous* (/su/)
>
> *chou* (/ʃu/), *joue* (/ʒu/), *cou* (/ku/), *goût* (/gu/), *roue* (/ru/)

L'identification de paires minimales[46]

L'observation des productions articulatoires des enfants est étroitement liée à notre capacité à identifier et à isoler les phonèmes qui jouent leurs rôles fonctionnels dans la parole. Une analyse des paires minimales de la langue permet de bien dégager les oppositions qui existent en français. Par définition, la paire minimale est composée de deux unités minimales significatives (monèmes) qui sont différenciées par l'opposition de deux unités distinctives minimales (phonèmes).[47] L'utilité des paires minimales dans l'élaboration d'exercices de stimulation réside dans notre capacité à démontrer les fonctions des phonèmes dans la parole. Leur utilisation vise donc à bâtir la conscience phonologique de l'enfant pour les oppositions qui sont ou bien mal intégrées ou bien partiellement intégrées dans son système phonologique. Une bonne intervention en stimulation du langage s'appuie sur une panoplie d'outils[48] qui comprend, par défaut, l'utilisation de paires minimales pour une intégration plus rapide des sons qui posent problème à l'enfant.

Une paire minimale oppose toujours deux sons qui différencient deux monèmes. À titre d'exemple, c'est ce qui est observé dans des paires minimales impliquant des voyelles:[49]

> *la* /la/ ~ *lit* /li/ ; /a/ ≠ /i/
>
> *lit* /li/ ~ *lu* /ly/ ; /i/ ≠ /y/

---

[46] Dans le texte, le symbole ~ signifie qu'une unité *s'oppose* à une autre dans sa fonction. Le symbole ≠ signifie qu'une unité est *différente* d'une autre dans sa fonction.

[47] La paire minimale (*botte* ~ *bas*) présentée dans BOWEN (2007 :39) ne répond pas à cette exigence (*botte* ~ *bas* est donc une paire quasi minimale).

[48] Images, pictogrammes, rimes, comptines, phrases, jeux, chansons, histoires, livres, etc.

[49] Dans le cadre des activités de stimulation du langage, plusieurs outils, dont des paires minimales en images sont disponibles sur le marché et en librairie.

$$dé \text{ /de/} \sim de \text{ /dœ/} ; \text{/e/} \neq \text{/œ/}$$
$$lait \text{ /lɛ/} \sim le \text{ /lœ/} ; \text{/ɛ/} \neq \text{/œ/}$$
$$ma \text{ /ma/} \sim mât \text{ /mɑ/} ; \text{/a/} \neq \text{/ɑ/}$$
$$tu \text{ /ty/} \sim tout \text{ /tu/} ; \text{/y/} \neq \text{/u/}$$
$$thé \text{ /te/} \sim tôt \text{ /to/} ; \text{/e/} \neq \text{/o/}$$
$$peur \text{ /pœr/} \sim port \text{ /pɔr/} ; \text{/œ/} \neq \text{/ɔ/}$$
$$brin \text{ /brɛ̃/} \sim brun \text{ /brœ̃/} ; \text{/ɛ̃/} \neq \text{/œ̃/}$$
$$pain \text{ /pɛ̃/} \sim pont \text{ /pɔ̃/} ; \text{/ɛ̃/} \neq \text{/ɔ̃/}$$
$$bain \text{ /bɛ̃/} \sim banc \text{ /bɑ̃/} ; \text{/ɛ̃/} \neq \text{/ɑ̃/}$$

D'autres paires minimales permettent d'identifier les oppositions qui différencient des monèmes différents pour les consonnes du français:

$$père \text{ /pɛr/} \sim terre \text{ /tɛr/} ; \text{/p/} \neq \text{/t/}$$
$$par \text{ /par/} \sim car \text{ /kar/} ; \text{/p/} \neq \text{/k/}$$
$$bon \text{ /bɔ̃/} \sim don \text{ /dɔ̃/} ; \text{/b/} \neq \text{/d/}$$
$$dent \text{ /dɑ̃/} \sim gant \text{ /gɑ̃/} ; \text{/d/} \neq \text{/g/}$$
$$faire \text{ /fɛr/} \sim serre \text{ /sɛr/} ; \text{/f/} \neq \text{/s/}$$
$$ça \text{ /sɑ/} \sim chat \text{ /ʃɑ/} ; \text{/s/} \neq \text{/ʃ/}$$
$$vie \text{ /vi/} \sim lit \text{ /li/} ; \text{/v/} \neq \text{/l/}$$
$$lot \text{ /lo/} \sim zoo \text{ /zo/} ; \text{/l/} \neq \text{/z/}$$
$$fige \text{ /fiʒ/} \sim fille \text{ /fij/} ; \text{/ʒ/} \neq \text{/j/}$$
$$oui \text{ /wi/} \sim riz \text{ /ri/} ; \text{/w/} \neq \text{/r/}$$
$$mont \text{ /mɔ̃/} \sim nom \text{ /nɔ̃/} ; \text{/m/} \neq \text{/n/}$$
$$comme \text{ /kɔm/} \sim cogne \text{ /kɔɲ/} ; \text{/m/} \neq \text{/ɲ/}$$

Les paires minimales, même polysyllabiques, permettent de dégager des oppositions minimales dans le système de la langue:

$$marcher \text{ /marʃe/} \sim marchons \text{ /marʃɔ̃/} ; \text{/e/} \neq \text{/ɔ̃/}$$
$$tourner \text{ /turne/} \sim tourna \text{ /turnɑ/} ; \text{/e/} \neq \text{/ɑ/}$$

entrons /ãtrɔ̃/ ~ *entrant* /ãtrã/ ; /ɔ̃/ ≠ /ã/

bébé /bebe/ ~ *bonbon* /bɔ̃bɔ̃/ ; /e/ ≠ /ɔ̃/

danser /dãse/ ~ *dansait* /dãsɛ/ ; /e/ ≠ /ɛ/

fatigué /fatige/ ~ *fatigant* /fatigã/ ; /e/ ≠ /ã/

sardine /sardin/ ~ *sourdine* /surdin/ ; /a/ ≠ /u/

écouter /ekute/ ~ *égoutter* /egute/ ; /k/ ≠ /g/

chameau /ʃamo/ ~ *chapeau* /ʃapo/ ; /m/ ≠ /p/

arpenter /arpãte/ ~ *argenté* /arʒãte/ ; /p/ ≠ /ʒ/

cassé /kɑse/ ~ *casé* /kɑze/ ; /s/ ≠ /z/

lutter /lyte/ ~ *muter* /myte/ ; /l/ ≠ /m/

lésé /leze/ ~ *léger* /leʒe/ ; /z/ ≠ /ʒ/

déranger /derãʒe/ ~ *démanger* /demãʒe/ ; /r/ ≠ /m/

piller /pije/ ~ *piger* /piʒe/ ; /j/ ≠ /ʒ/

enfuir /ãfɥir/ ~ *enfouir* /ãfwir/ ; /ɥ/ ≠ /w/

La force du système est de porter en lui un ou plusieurs traits distinctifs permettant au monème de prendre tout son sens. Dans l'opposition qui distingue /li/ (*lit*) de /lu/ (*loup*), où la voyelle antérieure non-arrondie fermée /i/ et la voyelle postérieure fermée /u/ entrent en fonction, les deux phonèmes sont les seules unités distinctives minimales qui permettent de différencier les unités significatives minimales *lit* et *loup*, qui ont des référents très différents : *le meuble sur lequel on dort* et *l'animal qui vit et hurle dans la forêt.*

Contrairement à la description phonétique des sons qui établit une description scientifique articulatoire ou acoustique des sons phonétiques bruts, sans égard à leurs rôles distinctifs dans le système de la langue, la phonétique fonctionnelle (ou phonologie) établit les rapports minimaux, discrets, pertinents, ou distinctifs des phonèmes dans l'organisation du système de la langue à partir des six critères de *classement articulatoire* des sons : le voisement, la résonance nasale, la résonance labiale, le mode articulatoire, le lieu d'articulation et l'articulateur.

La description phonologique a donc pour objet l'organisation des phonèmes à partir des *traits distinctifs* [50] identifiés lors de la segmentation et la commutation des phonèmes qui permettent leur identification comme *unités distinctives minimales*. La description phonologique établit les rapports entre les phonèmes à partir de lieux d'articulations et de modes articulatoires qui ont une fonction dans la langue. La phonologie permet de déterminer ce qui est distinctif pour un phonème et ce qui n'est pas distinctif pour un autre. Dans le système phonologique du français, les rapports phonologiques sont mis en relief par les corrélations des traits observés dans les ordres et les séries qui caractérisent le système. En se référant aux tableaux phonologiques, nous sommes en mesure d'établir une définition pour chacun des phonèmes de la langue.

Les voyelles du français sont présentées, structuralement, dans le tableau suivant :

---

[50] Contrairement à ce que dit RONDAL (1999 : 27) le français n'a pas qu'une dizaine de *traits articulatoires*. En nous référant aux tableaux phonologiques du français, nous constatons qu'à elles seules, les voyelles du français font appel à dix traits pertinents (**oral, nasal, antérieur, postérieur, non-arrondi, arrondi, fermé, mi-fermé, mi-ouvert, ouvert**), tandis que les consonnes font appel à quatorze traits distinctifs (**bilabial, labio-dental, apico-alvéolaire, prédorso-alvéolaire, prédorso-post-alvéolaire, dorso-palatal, dorso-vélaire, dorso-uvulaire, oral, nasal, occlusif, constrictif, sourd, sonore**). Dans l'ensemble, le système phonologique du français met à la disposition de l'enfant pas moins de vingt-quatre traits distinctifs lui permettant de produire les phonèmes qu'il utilise.

Le tableau phonologique des voyelles[51]

	Orales				Nasales			
	antérieures		postérieures		antérieures		postérieures	
	non arr.	arr.	non arr.	arr.	non arr.	arr.	non arr.	arr.
Fermées	i	y		u				
Mi-fermées	e	ø		o				
Mi-ouvertes	ɛ	œ		ɔ	ɛ̃	œ̃		ɔ̃
Ouvertes	a		ɑ				ã	

Exemples de monèmes

[i] vie   [y] tu   [u] tout   [ɛ̃] bain   [e] clé

[ø] jeu   [o] dos   [œ̃] Brun   [ɛ] lait   [œ] le

[ɔ] sol   [ã] temps   [a] mal   [ɑ] pâte   [ɔ̃] mont

Le tableau permet d'établir les définitions phonologiques (les faisceaux) des voyelles. Voici les définitions proposées.

---

[51] Le lecteur peut consulter aussi le site https://www.phonetique.ulaval.ca/ pour une référence en phonétique articulatoire, comprenant l'identification des sons (voyelles et consonnes), l'identification de croquis, des exercices de transcriptions utilisant l'Alphabet Phonétique International et un lexique détaillé. Chaque son est présenté de manière exhaustive (symbole API, radiographies, photos, spectrogrammes et enregistrements sonores pour des exercices de perceptions). Ce site a été mis en ligne par le professeur Pierre MARTIN. Pour aller plus loin, voir P. MARTIN (1996) et P. MARTIN (1983).

Définitions phonologiques des voyelles[52]

/i/ : fermée, non arrondie[53]

/e/ : mi-fermée, non arrondie

/ɛ/ : orale,[54] mi-ouverte, non arrondie

/a/ : antérieure, ouverte

/y/ : antérieure, fermée, arrondie

/ø/ : antérieure, mi-fermée, arrondie

/œ/ : orale, antérieure, mi-ouverte, arrondie

/u/ : postérieure, fermée[55]

/o/ : postérieure, mi-fermée

/ɔ/ : orale, postérieure, mi-ouverte

/ɑ/ : orale, postérieure,[56] ouverte[57]

/ɛ̃/ : nasale, non arrondie[58]

/œ̃/ : nasale, antérieure, arrondie

/ɔ̃/ : nasale, postérieure, arrondie

/ɑ̃/ : nasale, ouverte

Les consonnes du français sont présentées, structuralement, dans le tableau suivant :

---

[52] Les définitions phonologiques mettent de l'avant les faisceaux phonologiques qui se déclinent dans les traits distinctifs individuels des phonèmes.

[53] Pour les voyelles orales /i, e, ɛ/, le trait *antérieur* n'est pas pertinent puisqu'elles n'ont pas de contreparties *postérieures non arrondies*.

[54] Le trait *oral* est important puisque /ɛ/ s'oppose à /ɛ̃/ qui est *nasale*.

[55] On ne dit pas que /u, o, ɔ/ sont *arrondies* puisqu'elles n'ont pas de contreparties *postérieures non arrondies*.

[56] /ɑ/ ne s'oppose pas à des voyelles *orales postérieures non-arrondies* qui ont des apertures *fermées*, *mi-fermées* et *mi-ouvertes*. Il n'est pas non plus en opposition avec une voyelle *postérieure ouverte arrondie* (le trait *non-arrondi* est donc redondant pour /ɑ/). Il est en opposition avec /a/ et /ɑ̃/, ce qui explique la présence des traits *oral* et *postérieur*.

[57] L'aperture de /ɑ/ est déterminante puisque le trait *ouvert* nous permet de l'opposer aux voyelles *postérieures fermées*, *mi-fermées*, et *mi-ouvertes* sans égard à l'action des lèvres pour les voyelles postérieures.

[58] La voyelle nasale /ɛ̃/ ne s'oppose pas en aperture à d'autres voyelles *antérieures non-arrondies*, ni à une voyelle qui serait *postérieure* et *non-arrondie*. Pour cette raison, sa définition en tant que voyelle *nasale* (par rapport à /ɛ/) et *non arrondie* (par rapport à /œ̃/ est suffisante.

Le tableau phonologique des consonnes[59]

			Bilabiales	Labio-dentales	Apico-alvéolaires	Prédorso-alvéolaires	Prédorso-post-alvéolaires	Dorso-palatales	Dorso-vélaires	Dorso-uvulaire
orales	occlusives	sourdes	p		t				k	
		sonores	b		d				g	
	constrictives	sourdes		f		s	ʃ			
		sonores		v	l	z	ʒ	j/ɥ	w	r
nasales			m		n			ɲ		

Exemples de monèmes

[p] pont   [t] table   [k] cou   [b] beau   [d] doux

[g] garçon   [f] faire   [s] soleil   [ʃ] chant   [v] vent

[l] lait   [z] zone   [ʒ] jour   [j] fille   [ɥ] huit

[w] oui   [r] rue   [m] moi   [n] non   [ɲ] agneau

Le tableau permet d'établir les définitions phonologiques (les faisceaux) des consonnes. Voici les définitions proposées.

---

[59] Le tableau indique une progression des lieux d'articulations allant de l'avant de la bouche vers l'arrière (de gauche à droite). Plus les sons sont situés à la droite du tableau, plus leurs lieux d'articulations sont postérieurs en lien avec la cavité buccale.

Définitions phonologiques des consonnes

/p/ : bilabiale, sourde

/t/ : apico-alvéolaire, sourde[60]

/k/ : dorso-vélaire, sourde

/b/ : bilabiale, orale[61], sonore

/d/ : apico-alvéolaire, occlusive[62], orale[63], sonore

/g/ : dorso-vélaire, occlusive[64], sonore

/m/ : bilabiale, nasale

/n/ : apico-alvéolaire, nasale

/ɲ/ : dorso-palatale, nasale

/f/ : labio-dentale, sourde

/s/ : prédorso-alvéolaire, sourde

/ʃ/ : prédorso-postalvéolaire, sourde

/v/ : labio-dentale, sonore

/z/ : prédorso-alvéolaire, sonore

/ʒ/ : prédorso-postalvéolaire, sonore

/l/ : apico-alvéolaire, constrictive[65]

/j/ : dorso-palatale, constrictive, non-labialisée[66]

/ɥ/ : dorso-palatale, constrictive, labialisée

/w/ : dorso-vélaire, constrictive

/r/ : dorso-uvulaire[67]

---

[60] /t/ étant la seule consonne apico-alvéolaire sourde, le trait occlusif devient redondant pour ce phonème.

[61] Le trait *oral* est pertinent puisque /b/ s'oppose à la consonne *nasale* /m/.

[62] Le trait *occlusif* est pertinent dans le cas de la consonne /d/ puisqu'elle s'oppose à la consonne /l/ qui est, par définition, *constrictive*.

[63] La consonne /d/ est *orale* par rapport à la consonne /n/ qui est *nasale* par définition.

[64] La consonne /g/ est distinctivement *occlusive* puisqu'elle s'oppose à la constrictive /w/ qui est *sonore* elle aussi.

[65] Le trait *sonore* n'est pas pertinent puisque la consonne /l/ n'a pas de contrepartie *constrictive sourde*.

[66] Même s'il ne figure pas au tableau, le trait *non-labialisé* (la non projection des lèvres) est pertinent pour distinguer /ɥ/ de /j/ qui est articulée sans la projection des lèvres.

[67] Il suffit de définir /r/ en tant que consonne *dorso-uvulaire* puisqu'elle ne s'oppose pas dans son ordre ni à une *occlusive*, ni à une *constrictive sourde*, ni

Production articulatoire entendue, modèle attendu et pistes d'intervention

Une fois les traits distinctifs dégagés pour les voyelles, nous pouvons procéder à l'analyse qui permet de décrire ce qui oppose une voyelle à une autre dans les réalisations phonétiques de l'enfant. Par exemple, pour analyser l'articulation d'un enfant qui dit **deux** [dœ], il faut tenir compte de la production articulatoire entendue [dœ] et du modèle attendu de la langue [dø]. En procédant par l'élimination des segments identiques, nous pouvons isoler l'opposition qui nous intéresse, à savoir le rapport entre /œ/ et /ø/:

production entendue [d̶œ]
modèle attendu [d̶ø]

En nous référant aux faisceaux phonologiques des voyelles, nous savons que:

/œ/ est ~~antérieure, arrondie,~~ mi-ouverte[68]
et que /ø/ est ~~antérieure, arrondie,~~ mi-fermée

Les traits *antérieur* et *arrondi* sont neutralisés puisqu'ils sont présents dans les deux définitions phonologiques.[69] Le trait distinctif dont il faut donc tenir compte est celui de l'aperture, le trait *mi-ouvert* différencie le phonème /œ/ de /ø/ qui est une voyelle *mi-fermée*.

La piste d'intervention est donc liée à la trop grande ouverture de la bouche de l'enfant quand il articule **deux**. Les exercices de stimulation qui visent le développement de la conscience

---

à une consonne *nasale*.

[68] Nous ne retenons pas le trait de l'*oralité* ici puisque /ø/ n'a pas de contrepartie *nasale*.

[69] Voir la notion de *faisceau phonologique* à la section dédiée à l'analyse fonctionnelle des processus phonologiques.

phonologique de l'enfant lui permettront de prendre conscience que les voyelles du français sont articulées à différents degrés d'aperture.

La même méthode d'analyse peut être utilisée pour expliquer la production de ***éducation*** [ɛdykasjɔ̃]. L'enfant a tendance à trop ouvrir la bouche et articule la voyelle mi-ouverte [ɛ] au lieu de la voyelle mi-fermée [e]. Cette situation articulatoire est facilitée par l'appartenance des deux phonèmes à l'ordre des voyelles orales, antérieures et non-arrondies.

Une fois les traits distinctifs dégagés pour les consonnes, il est possible de procéder à l'analyse permettant de décrire ce qui oppose une consonne à une autre, comme nous l'avons vu pour les voyelles. Par exemple, dans l'articulation de ***bateau***, il faut tenir compte de la *production articulatoire entendue* [dato] pour la comparer au *modèle attendu* de la langue [bato]. En procédant, encore une fois, par l'élimination des segments identiques, il est possible d'isoler l'opposition qui nous intéresse, à savoir le rapport phonologique entre /d/ et /b/ :

production entendue [d~~ato~~]

modèle attendu [b~~ato~~]

En nous référant aux faisceaux phonologiques des consonnes, nous savons que :

/d/ est apico-alvéolaire, ~~orale, sonore~~[70]

et que /b/ est bilabiale, ~~orale, sonore~~

Les traits *oral* et *sonore* se neutralisent mutuellement puisqu'ils sont présents dans les deux faisceaux phonologiques. Le trait dont il faut tenir compte est celui du lieu d'articulation, le trait *apico-alvéolaire* de /d/ qui le différencie du phonème /b/ qui est *bilabial*. Dans ce cas, la piste d'intervention est donc liée à la

---

[70] Note : Nous ne mettons pas en relief le trait *occlusif* de /d/ puisque ce trait est pertinent uniquement face à la constrictive /l/.

41

postériorisation du phonème /b/ qui a tendance à s'articuler avec la pointe de la langue et sur les alvéoles au lieu d'être articulé par la lèvre inférieure sur la lèvre supérieure. Donc, l'intervention pour **bateau** [dato] sera double : il faudra modifier l'articulateur (apex ~ lèvre inférieure) et le lieu d'articulation (alvéoles ~ lèvre supérieure).

La manière dont l'intervenant dégage les phonèmes en présence permettra d'isoler, avec méthode, les phénomènes qu'il doit observer et décrire. Pour mieux comprendre l'usage de la description phonologique dans l'observation de cas précis, voici deux exemples tirés de productions articulatoires simples pouvant être analysés selon les étapes énumérées plus haut:

production entendue : **moustique** - [~~musd~~ik]

modèle attendu : **moustique** - [~~must~~ik]

Les phonèmes en présence (les unités distinctives minimales) qui sont en opposition dans ce cas sont /t/ et /d/ dont les définitions phonologiques sont les suivantes:

/t/ - ~~apico-alvéolaire~~, sourde

/d/ - ~~apico-alvéolaire~~, sonore

Il n'y a pas lieu de tenir compte de tous les traits de /d/ (voir note précédente) ce qui réduit les traits distinctifs à considérer, à avoir l'opposition fonctionnelle entre la consonne /t/ qui est sourde et la consonne /d/ qui est sonore. L'observation structurée du phénomène permet de conclure que l'enfant fait vibrer ses cordes vocales lors de la production de la consonne attendue, ce qui produit [d] à la place de [t]. Des exercices mettant en valeur l'absence de vibrations des cordes vocales dans les mots qui contiennent des consonnes sourdes comme /p, t, k/ permettront d'aider à développer la conscience phonologique de l'enfant pour la réalisation articulatoire de phonèmes qui n'impliquent pas l'apport des cordes vocales pour /t/ dans des mots comme **moustique**. Cette méthode d'analyse permet aussi de mieux comprendre les productions suivantes:

production entendue : ***chien*** [ʃjɛ̃]
modèle attendu : ***chien*** [sjɛ̃]

Les phonèmes (les unités distinctives minimales) en opposition dans ce cas sont /ʃ/ et /s/ dont les définitions phonologiques sont les suivantes:

/ʃ/ - prédorso-postalvéolaire, ~~sourde~~
/s/ - prédorso-alvéolaire, ~~sourde~~

Le trait de *sonorité* (sourd) est neutralisé puisqu'il est présent dans les deux productions. Ce qui reste à isoler, c'est le trait rattaché au *lieu d'articulation* dans la cavité buccale supérieure. Le lieu d'articulation défini par le marqueur *postalvéolaire* est en opposition avec celui défini par le marqueur *alvéolaire*. Ces deux traits distinctifs nous permettent de comprendre que l'enfant, qui veut dire ***chien***, avance trop la langue, résultant dans l'antériorisation de la consonne /ʃ/, perçue (et produite) en tant que /s/. Les exercices de stimulation du langage sauront contribuer à développer la conscience phonologique de l'enfant pour les articulations qui sont produites immédiatement derrière les alvéoles et en formulant une stratégie propre à l'acquisition et l'intégration des phonèmes /ʃ/ et /ʒ/ qui ont le même lieu d'articulation.

Enfin, La segmentation des monèmes permet, à partir de la définition phonologique des voyelles et des consonnes, de décrire les phonèmes contenus dans les monèmes suivants:

maison : /mɛzɔ̃/
/m/ - consonne bilabiale, nasale
/ɛ/ - voyelle orale, mi-ouverte, non-arrondie
/z/ - consonne prédorso-alvéolaire, sonore
/ɔ̃/ - voyelle nasale, postérieure, arrondie

chat : / ʃɑ/

/ʃ/ - consonne prédorso- postalvéolaire, sourde

/ɑ/ - voyelle orale, postérieure, ouverte

école : /ekɔl/

/e/ - voyelle mi-fermée, non-arrondie

/k/ - consonne dorso-vélaire, sourde

/ɔ/ - voyelle orale, postérieure, mi-ouverte

/l/ - consonne apico-alvéolaire, constrictive

fille : /fij/

/f/ - consonne labio-dentale, sourde

/i/ - voyelle fermée, non-arrondie

/j/ - consonne dorso-palatale, constrictive, non-labialisée

Les phonèmes peuvent-ils être des monèmes ?

Généralement parlant, le phonème est dépourvu de sens. C'est bien ce qu'on constate dans les consonnes françaises /p/, /t/, /k/, /b/, /d/, /g/, /f/, /s/, /ʃ/, /v/, /l/, /z/, /ʒ/, /j/, /ɥ/, /w/, /r/, /m/, /n/ et /ɲ/ qui ne sont pas porteurs d'une signification quelconque. En français, aucun monème (aucun mot) n'est construit sur un phonème consonantique isolé.

Pour les voyelles françaises, la situation est différente. À l'exception des interjections et des exclamations (comme *eh!*, *ah!* et *oh!)* qui ne sont pas porteuses de signification en dehors de leur valeur expressive marquant un sentiment vif, la surprise ou l'admiration,[71] certains mots construits à partir de voyelles isolées ont du sens (donc une signification), comme en témoignent les monèmes suivants:

Le monème /a/ (**à**)

Les trois monèmes homophones /u/ (*où, ou, houx*)

Le monème /i/ (*y*)

Les monèmes homophones /ɔ̃/ (*on, ont*)

Le monème /ã/ (*en, an*)

Les deux monèmes homophones /e/ (*et, ai*)

Le monème /œ̃/ (*un*)

Les sept monèmes homophones /ɛ/ (*est, haie, hais, hait, ait, aie, aies*)

Le monème /ø/ (*eux, œufs*)

Les deux monèmes homophones /o/ (*eau, haut*)

Les voyelles[72]

La phonologie du français a deux grandes classes de voyelles : les voyelles orales (/i, e, ɛ, a, y, ø, œ, ɑ, u, o, ɔ/) et les voyelles nasales (/ɛ̃, œ̃, ɑ̃, ɔ̃/).[73] Les voyelles sont différenciées sur quatre plans (ou traits articulatoires). Le premier plan est celui du *lieu d'articulation* qui permet de regrouper les voyelles antérieures (les voyelles produites à l'avant de la bouche) et les voyelles postérieures (les voyelles produites à l'arrière de la bouche):

Les voyelles antérieures sont /i, y, e, ø, ɛ, œ, a, ɛ̃, œ̃/.

Les voyelles postérieures sont /u, o, ɔ, ɑ, ɑ̃, ɔ̃/.

Le deuxième plan est celui de l'*aperture* (le degré d'ouverture de la bouche).

Les voyelles fermées sont /i, y, u/.

Les voyelles mi-fermées sont /e, ø, o/.

Les voyelles mi-ouvertes sont /ɛ, œ, ɔ, ɛ̃, œ̃, ɔ̃/.

Les voyelles ouvertes sont /a, ɑ, ɑ̃/.

Le troisième plan est celui de la *résonance labiale* qui se caractérise par l'arrondissement ou non des lèvres.

Les voyelles non-arrondies sont /i, e, ɛ, a, ɑ, ɛ̃, ɑ̃/.

Les voyelles arrondies sont /y, ø, œ, u, o, ɔ, œ̃, ɔ̃/.

Le quatrième plan est celui de la *résonance nasale* (ou de son absence) qui détermine les deux grandes classes de voyelles

---

[73] HAGÈGE (1982). Il faut faire attention à l'utilisation du symbole /ã/ par certains (comme BERGERON-GAUDIN : 2014). Ce symbole est réservé à un son qui serait antérieur. Il vaut mieux utiliser le symbole /ɑ̃/ pour décrire la voyelle nasale postérieure non arrondie en français.

françaises (voir plus haut) et qui nous permet de faire la distinction entre les voyelles orales (quand la luette est appuyée sur la paroi pharyngale et que l'air ne s'échappe que par la cavité buccale) et les voyelles nasales (quand la luette est détachée de la paroi pharyngale et que l'air s'échappe simultanément par les cavités buccale et nasale).

Dans la littérature universitaire portant sur les phonèmes du français, il arrive que des auteurs ayant une formation incomplète en phonologie présentent, comme le fait MACLEOD (2014 et 2016), un ensemble de réalisations phonétiques qui multiplie inutilement le nombre de phonèmes dont il faut tenir compte dans le système phonologique du français, comme en témoigne le trapèze vocalique de l'auteur (2016 : 6):

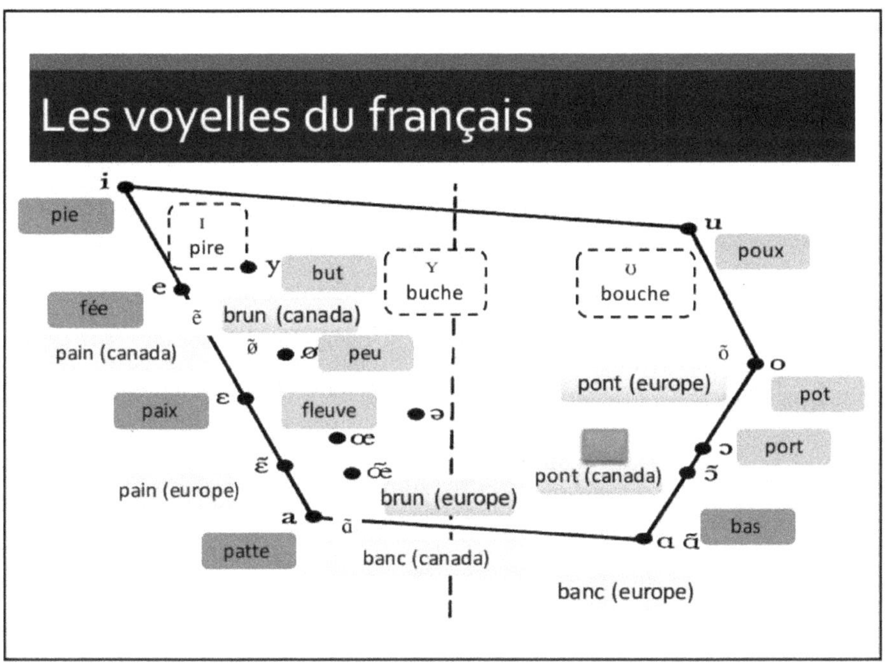

En plus de présenter les voyelles lâches [Y], [ɪ], [U] (les variantes phonétiques de /y, i, u/), l'auteur présente une opposition [œ] versus [ə], une opposition antérieure et postérieure du même son ([ɑ̃] dans les deux champs opposés du trapèze vocalique), une opposition de nasale mi-fermée [õ] versus une nasale mi-ouverte [ɔ̃], une voyelle nasale arrondie, mi-fermée, [ø̃] et, enfin, une opposition nasale fermée [ẽ] pour le Canada versus une nasale ouverte [ɛ̃] pour la France. La description donne, au total, pas moins de vingt-trois (23) voyelles au lieu des quinze (15) reconnues dans la littérature. Si les deux pays ont des réalisations phonétiques régionales différentes, il n'en demeure pas moins que la France et le Canada ont un système phonologique commun, c'est-à-dire le même nombre de voyelles et de consonnes. En français, que ce soit en France ou au Canada, il n'y a pas de voyelles nasales mi-fermées, représentées par [õ] ou [ø̃]. La France et le Canada partagent la même voyelle nasale antérieure, mi-ouverte [ɛ̃]. Il n'y a pas de distinction à faire, sur une base phonologique, entre une voyelle nasale non-arrondie, mi-ouverte, comme [ɛ̃] et une voyelle nasale non-arrondie, mi-fermée, comme [ẽ]. Il y a une seule voyelle nasale antérieure en français et cette voyelle est représentée par le symbole /ɛ̃/. L'auteur confond réalisations phonétiques particulières et phonèmes de la langue. Bien évidemment, l'analyse de MACLEOD ne concorde pas avec la *phonologie* du français à laquelle les intervenants sur le terrain doivent pouvoir se référer, à savoir le trapèze vocalique de la langue française que voici[74] :

---

[74] Tiré et adapté du site du professeur Christian Guilbault de l'Université Simon Fraser   -
https://www.sfu.ca/fren270/Phonetique/trapze.htm#:~:text=Les%20voyelles%20fran%C3%A7aises%20sont%20souvent,servent%20%C3%A0%20caract%C3%A9riser%20leur%20production – Consulté le 19-02-2024.

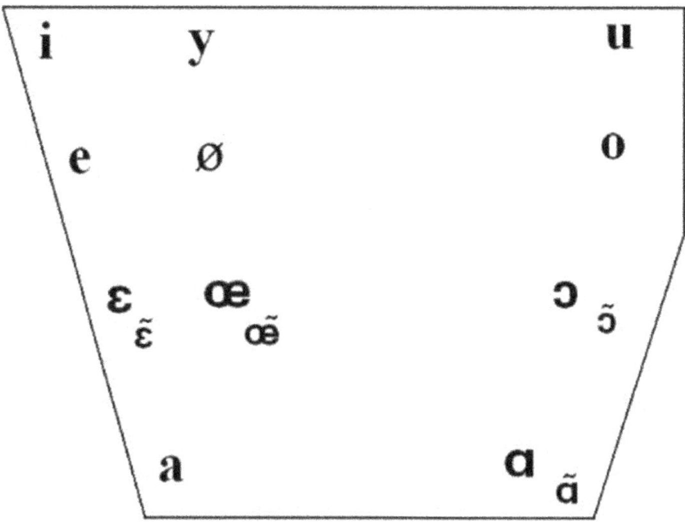

Le trapèze vocalique du français doit nous indiquer quel est le lieu d'articulation des voyelles (articulation *antérieure* versus articulation *postérieure*) et, aussi, quel est le degré d'aperture des voyelles (*fermées* versus *mi-fermées* versus *mi-ouvertes* versus *ouvertes*).[75] Un symbole phonétique de l'API dans le trapèze du français ne peut pas être à la fois *antérieur* et *postérieur*. Prétendre le contraire n'est pas fondé.

Le cas de [ə] et [œ]

Il m'a souvent été demandé ce qu'on doit faire de la voyelle centrale moyenne [ə] qu'on appelle, historiquement, le *schwa* (prononcé [ʃva] ou [ʃwa] par certains) ou le « e muet », « e caduc », ou voyelle *faible* ou *réduite* utilisée dans les transcriptions du *Petit Robert 1* dans des monèmes comme *le* [lə], *de* [də] et *mener* [məne].[76]

Dans le présent ouvrage, la voyelle [ə] ne fait pas partie du tableau des voyelles du français. La raison est fort simple. Elle trouve son explication dans l'analyse de l'inventaire. Cette analyse permet de

---

[75] Voir notre définition de *trapèze vocalique* dans le lexique qui accompagne ce guide.

[76] Voir Dictionnaire alphabétique et analogique de la langue française (1984).

décider pourquoi un son s'intègre au système phonologique ou pourquoi, en définitive, il doit en être exclu.

Dans l'ouvrage plus récent du CHU Sainte-Justine, BERGERON-GAUDIN (2014 : 18-19) propose de faire une distinction phonologique entre les sons [œ] et [ə]. Elle donne à ces deux sons (qui sont des réalisations phonétiques du même phonème) le statut de voyelles en français. Pourtant, il n'y a qu'une voyelle pour représenter ces deux réalisations phonétiques dans le système phonologique à l'étude. Dans les cours de phonétique générale, on présente le son [ə] comme étant différent du son [œ] parce que, *phonétiquement*, la voyelle [œ] est antérieure, mi-ouverte et arrondie tandis que [ə] est centrale, d'aperture moyenne et arrondie.

Phonologiquement, la distinction entre [ə] et [œ] n'existe pas. Les deux sons ne s'opposent pas en français. Les fonctions de [ə] et [œ] dans ***bœuf*** ([bəf] = [bœf]) sont identiques, comme dans ***veuf*** ([vəf] = [vœf]) ou dans ***le*** ([lə] = [lœ]). Leur utilisation dans l'une ou l'autre réalisation phonétique ne donne pas naissance à des monèmes différents ayant, dans la langue, des significations contradictoires.

Donc, [ə] et [œ], malgré leurs descriptions phonétiques différentes (sur le plan articulatoire, descriptif, acoustique, ou autre), sont des variantes de la même voyelle en français. Puisqu'il faut choisir un symbole pour représenter l'*unité distinctive minimale*, qui permet aux locuteurs d'opposer cette voyelle aux autres unités distinctives de la langue, le choix de [œ] comme phonème /œ/ trouve sa pertinence dans sa relation à la voyelle /œ̃/ qui, elle, est aussi antérieure et mi-ouverte. Cette analyse permet de réduire la lourdeur d'un tableau voulant intégrer les traits /moyen/ et /central/ qui n'ont pas, structuralement, leur place. Cela élimine aussi cette volonté curieuse à vouloir décrire le schwa en tant que seule voyelle du français définie par ces deux marques distinctives. Donc, en phonologie française, le son [ə] demeure une réalisation phonétique particulière du phonème /œ/.

Ce dont il faut se rappeler, dans ce cas (l'exclusion de [ə]), c'est que la description du phonème identifié dans l'inventaire doit se faire à partir de sa fonction et sa pertinence dans le système, et non pas uniquement à partir de la manière dont le son est articulé et décrit par le phonéticien.

La langue française a seulement quinze (15) voyelles, ni plus, ni moins. La confusion entourant le système phonologique du français persiste (comme nous le voyons à travers les textes de BOWEN, K. MARTIN, MACLEOD et l'ouvrage francophone de BERGERON-GAUDIN) parce que la phonologie du français n'est pas maîtrisée.

Les voyelles lâches québécoises [ɪ], [Y] et [U]

En français québécois, les voyelles fermées /i, y, u/ ont des réalisations particulières phonétiquement relâchées ([ɪ], [Y] et [U]). Nous les observons dans les occurrences québécoises suivantes:

> *vite* [vɪt], *subite* [sybɪt], *Aline* [alɪn], *film* [fɪlm]
> *lutte* [lYt], *buche* [bYʃ], *bulle* [bYl], *jupe* [ʒYp]
> *loupe* [lUp], *joute* [ʒUt], *bouche* [bUʃ], *boude* [bUd]

Puisque [ɪ], [Y] et [U] n'ont pas de rôle distinctif en français - ces voyelles n'engendrent pas l'identification de nouveaux monèmes – (des unités ayant de nouvelles significations), elles sont considérées comme étant des allophones ou des réalisations phonétiques particulières des phonèmes /i, y, u/ dans la langue.

Les diphtongues québécoises [œʸ], [aᵘ] et [aⁱ].

En français québécois, trois diphtongues caractéristiques sont identifiables dans l'usage[77] : les diphtongues [œʸ], [aᵘ] et [aⁱ]. Il s'agit des réalisations phonétiques complexes des phonèmes suivants : la voyelle antérieure, mi-ouverte, arrondie /œ/, la voyelle

---

[77] On peut aussi considérer la présentation de P. MARTIN (1996 : 87) pour les réalisations [ᵃœ] de *beurre* [bᵃœr] , [ᵃɛ] de *père* [pᵃɛr], [aᵒ] de *mâle* [maᵒl], et [œᵉ] de *bébé* [bœbœᵉ], démontrant une aperture d'attaque des diphtongues québécoises plus ouverte que l'aperture finale naturellement plus fermée.

antérieure, ouverte /a/ et la voyelle antérieure, mi-ouverte, non arrondie /ɛ/.

La diphtongue complexe a une aperture d'attaque (en début de réalisation) qui est plus ouverte se terminant sur une aperture plus fermée (en fin de réalisation). La première se termine par une fermeture sur [y], la deuxième sur [u] et la troisième sur [i].

Les diphtongues québécoises sont des réalisations particulières des phonèmes /œ/, /a/ et /ɛ/. Ces réalisations complexes peuvent être motivées par la distribution des phonèmes dans le mot, principalement devant les constrictives sonores (/r/, /z/ et /ʒ/), et devant l'occlusive sourde /t/. Devant un enfant qui produit ces diphtongues, nous n'intervenons pas pour obtenir des monophtongues (à savoir les voyelles non complexes /œ/, /ɑ/ et /ɛ/). L'usage des diphtongues est un usage bien ancré dans la variété nationale et il n'est pas souhaitable de s'attaquer à l'usage des parents et encore moins de la communauté. Voici quelques exemples mettant en lumière cet usage:

beurre [bœʸr], *sœur* [sœʸr], *cœur* [kœʸr]
garage [garɑᵘʒ], *tard* [tɑᵘr], *part* [pɑᵘr]
neige [naⁱʒ], *arrête* [araⁱt], *treize* [traⁱz]

Les consonnes

De leur côté, les consonnes du français se définissent en trois grandes catégories : les consonnes occlusives,[78] les consonnes constrictives et les consonnes nasales. Comme nous le verrons plus loin (contrairement à ce que nous dit BOWEN[79]), le trait occlusif est redondant pour décrire les consonnes nasales puisque que toutes les nasales sont occlusives par définition. De la même manière, la marque de sonorité est, elle aussi redondante lorsque nous parlons des nasales puisque toutes les nasales partagent le trait distinctif de la sonorité, sans que toutes les consonnes soient nasales. Toute description *fonctionnelle* (donc structurale) des consonnes doit présenter la contribution des ***lieux d'articulations*** et ***modes articulatoires*** qui permettent de les différencier dans leur fonction dans la langue. Les ***traits distinctifs*** dégagés par le descripteur les catégorisent dans des ***ordres*** et des ***séries*** qui mettent en lumière certaines ***corrélations***. La description phonologique marque toutes les oppositions fonctionnelles et dégage ce qu'il y a de pertinent dans les sons par le moyen des rapports qui les opposent dans la langue.

En français, l'opposition entre /p, t, k/ et /b, d, g/ est définie sur deux plans : celui du lieu d'articulation (bilabiales versus apico-alvéolaires versus dorso-vélaires) et celui de la sonorité, à savoir la distinction faite entre les consonnes occlusives sourdes (ou non voisées) (/p, t, k/) et celles qui sont sonores ou voisées (/b, d, g/) telles que présentée ici par la corrélation:

Série sourde	p	t	k
Série sonore	b	d	g

L'ordre définissant /p/ et /b/ est bilabial, l'ordre de /t/ et /d/ est apico-alvéolaire et l'ordre de /k/ et /g/ est dorso-vélaire.

---

[78] Voir notre lexique pour la définition de l'*explosion* (*détente*) et *explosive* donnée par Pierre MARTIN.

[79] BOWEN (2007 : 9).

En français, l'opposition entre /p, t/, /b, d/ et /m, n/ se définit sur trois plans : celui du lieu d'articulation (les bilabiales versus les apico-alvéolaires), celui du mode articulatoire qui oppose les occlusives des nasales (/p/ et /b/ s'opposent à /m/ tandis que /t/ et /d/ s'opposent à /n/) et celui de la sonorité qui oppose /p/ à (/b/ et /m/) et /t/ à (/d/ et /n/).

Occlusives sourdes :	p	t
Occlusives sonores :	b	d
Nasales[80] :	m	n

L'ordre /p, b, m/ est bilabial tandis que l'ordre /t, d, n/ est apico-alvéolaire. Toutes définitions consonantiques raisonnables précisent des distinctions qui se jouent sur le plan de l'articulateur. Par exemple, les phonèmes /p, b, m/ sont articulés avec la lèvre inférieure tandis que les phonèmes /t, d, n/ sont articulés avec la pointe de la langue (ce qu'on appelle plus communément en phonétique, l'*apex*). C'est dire qu'en phonologie fonctionnelle, la nomenclature des lieux d'articulations comprend, par défaut, une indication de l'articulateur utilisé en production.

Voici le détail de cette nomenclature : *bilabial* signifie que les deux lèvres entrent en action (la lèvre inférieure étant l'articulateur et la lèvre supérieure étant le lieu d'articulation), *labio-dental* signifie que la lèvre inférieure (l'articulateur) entre en contact avec le lieu d'articulation (les dents supérieures), *apico-alvéolaire* signifie que la pointe de langue (l'articulateur) entre en contact avec le lieu d'articulation (les alvéoles rugueuses qui se trouvent derrière les incisives supérieures), *prédorso-alvéolaire* signifie que l'articulateur (la région prédorsale de la langue immédiatement située après l'apex) entre en contact avec le lieu d'articulation (les alvéoles), *prédorso-post-alvéolaire* signifie que l'articulateur (la région prédorsale de la langue) entre en contact avec le lieu d'articulation (la région située immédiatement derrière les alvéoles), *dorso-palatal* signifie que l'articulateur (le dos de la

---

[80] Les trois nasales du français sont /m/, /n/ et /ɲ/.

langue) entre en contact avec le lieu d'articulation (le palais dur), ***dorso-vélaire*** indique que l'articulateur (dos de la langue) entre en contact avec le lieu d'articulation (le voile du palais) et ***dorso-uvulaire*** signifie que l'articulateur (le dos de la langue) entre en contact avec le lieu d'articulation (la luette, communément appelée l'uvule).

En français, l'opposition entre les consonnes constrictives[81] /f, s, ʃ/ et /v, z, ʒ/ est définie sur deux plans : celui du lieu d'articulation (labio-dentales versus prédorso-alvéolaires versus prédorso-post-alvéolaires) et celui de la sonorité, à savoir la sonorité ou la distinction faite entre les occlusives sourdes (/f, s, ʃ/) et celles qui sont sonores (/v, z, ʒ/):

Constrictives sourdes :	f	s	ʃ
Constrictives sonores :	v	z	ʒ

---

[81] Voir les tableau des consonnes pour l'ensemble des phonèmes constrictifs /f, s, ʃ, v, l, z, ʒ, j, ɥ, w, r/.

Les séries et les ordres de voyelles

Nous avons vu que la description des voyelles (voir le tableau plus haut), à partir de traits distinctifs, permet de regrouper des phonèmes qui sont fermés (/i, y, u/), mi-fermés (/e, ø, o/), mi-ouverts (/ɛ, œ, ɔ, ɛ̃, œ̃, ɔ̃/), ou ouverts (/a, ɑ, ɑ̃/). Ces degrés d'aperture dégagent les quatre *séries* de voyelles françaises. /i, y, u/ font partie de la série de voyelles fermées, contrairement aux trois autres séries qui, elles, sont définies comme étant la série des mi-fermées, la séries de mi-ouvertes et la série des voyelles ouvertes.

Le trait distinctif de l'arrondissement des lèvres permet de dégager ce que nous appelons un *ordre*. En français, il y a deux ordres de voyelles orales et antérieures : l'ordre non-arrondi (i, e, ɛ, a/) et l'ordre arrondi (y, ø, œ/).

Dans le cas des voyelles, en tenant compte des séries et des ordres, nous pouvons analyser la très grande majorité des phénomènes articulatoires sur la base du rapprochement entre *phonèmes apparentés*.

Par exemple, les séries permettent d'identifier des corrélations dans le système. Les voyelles non-arrondies sont en corrélation avec les voyelles arrondies. /i/ est en corrélation avec /y/ sur le plan de l'arrondissement (ou non) de leur articulation dans l'ordre. De la même manière, /i/ est en corrélation avec /e/ sur le plan de l'aperture dans les deux séries qui opposent les deux phonèmes.

Ces relations phonologiques sont à la base de l'analyse de la production de [bɛbɛ] pour *bébé* par l'enfant qui ne maîtrise pas l'aperture : il utilise la voyelle mi-ouverte /ɛ/ à la place de la voyelle mi-fermée /e/. Les deux phonèmes étant apparentés, l'intervenant pourra rapidement mettre en relief les relations phonologiques présentes afin d'établir ce sur quoi l'enfant devra travailler pour développer sa conscience phonologique en lien avec l'aperture.

Les séries et les ordres de consonnes

Du côté des consonnes, la description du système, à partir de traits distinctifs, regroupe les sons qui sont, ou bien différenciés sur la base de leurs lieux d'articulations (l'ordre des bilabiales étant différent des ordres labio-dentales et apico-alvéolaires), ou bien en fonction de leur oralité (/p, b, t, d/) et nasalité (/m/ et /n/), ou bien en fonction de l'occlusion (par exemple /p, d/) et la constriction (par exemple /f, v, s, z/) ou encore de par la sonorité qui permet d'opposer la série sourde (/p, t, k/) à la série sonore (/b, d, g/).

Encore une fois, la description du système permet de dégager les rapports identifiés dans les ordres et les séries. Les consonnes (voir notre tableau plus haut) de l'ordre bilabiales (/p, b, m/) est en corrélation directe avec les consonnes de l'ordre apico-alvéolaires (/t, d, n/) puisque ces consonnes partagent des traits distinctifs communs (/p/ et /t/ sont sourdes /b/ et /d/ sont sonores, /m/ et /n/ sont nasales), ce qui implique que ces trois groupes de consonnes, différenciées sur le plan de la sonorité ou de la nasalité sont des phonèmes apparentés.

Les consonnes dégagent quatre séries démarquées par l'occlusion d'un côté, à savoir les sourdes versus les sonores où /p, t, k/ s'opposent à /b, d, g/, ou par la friction, dans le cas des constrictives où, encore une fois, les sourdes s'opposent aux sonores (/f, s, ʃ/ par rapport à /v, z, ʒ/). Les occlusives sourdes /p, t, k/ sont apparentées au même titre que /p, b/, /t, d/ et /k, g/ se différencient sur la base de la sonorité. Du côté des constrictives, les phonèmes de la série sourde /f, s, ʃ/ qui partagent le même trait distinctif s'apparente à la série sonore /v, z, ʒ/ sur la base de la sonorité qui met en lumière leur opposition. La **parenté sérielle** différencie /f, s, ʃ/ de /v, z, ʒ/ et la **parenté ordinale** différencie /f/ et /v/ de /s/ et /z/ de /ʃ/ et /ʒ/. Ces distinctions, sur le plan de la parentalité phonologique permet elle aussi de mieux comprendre la production de [bako] pour **bateau** par l'enfant qui est en apprentissage phonologique et qui ne fait pas encore la nécessaire distinction entre les *lieux d'articulations* et les *articulateurs* qui participent à la production des phonèmes. L'observation de ce cas précis doit se faire sur deux productions, à savoir d'un côté, la *production articulatoire ENTENDUE* et le *modèle ATTENDU de la langue*:

production entendue [**bako**]

modèle attendu [**bato**]

L'articulation (la production phonétique) de l'enfant permet de dégager les phonèmes en présence. Au départ, il faut savoir quels sont les traits distinctifs des faisceaux phonologiques en présence qui opposent [bako] et [bato]. Les traits distinctifs qui définissent /b/, /a/ et /o/ sont non fonctionnels (ou neutralisés). Ces phonèmes ne s'opposent pas sur la base des signifiants produits (dans le signifiant [bako] et le signifiant [bato], /b/ de [bako] ne s'oppose pas à /b/ de [bato], /a/ de [bako] ne s'oppose pas à /a/ de [bato] et /o/ de [bako] ne s'oppose pas à /o/ de [bato]). Cela veut dire que /b/, /a/ et /o/ ne sont pas pertinents à l'analyse qui doit être faite pour différencier [bako] de [bato] (ils ne participent pas à distinguer les signifiants, c'est-à-dire, ce qu'on entend être articulé par l'enfant). Par contre, les traits distinctifs des faisceaux phonologiques de /k/ et de /t/ (les seuls phonèmes qui ont une fonction d'opposition) nous permettent d'isoler les traits pertinents qui entrent en jeu pour distinguer /k/ de /t/. Nous savons que /k/ et /t/ sont apparentés. Dans le système, les deux consonnes sont *occlusives* et *sourdes*. Elles prennent place dans la même série dans le tableau. Les traits qui les opposent résident dans leurs différents *lieux d'articulations* et leurs différents *articulateurs*. Le phonème /k/ est dorso-vélaire produit avec le dos de la langue tandis que le phonème /t/ est apico-alvéolaire produit avec l'apex. Sur une base articulatoire, /k/ est postérieur à /t/. L'intervention visant à remplacer [bako] par [bato] cherchera donc à sensibiliser l'enfant[82] à la production de /t/ en tant que consonne alvéolaire et, deuxièmement, à le sensibiliser aux articulations apicales.

---

[82] Ici, nous voulons aider l'enfant à développer sa conscience phonologique pour la production de /t/.

Les processus phonologiques simplificateurs

Il est important de distinguer deux types de processus impliqués dans la fonction phonologique de la langue : le *traitement phonologique* du système[83] et les ***processus phonologiques simplificateurs*** liés à l'apprentissage de la langue. Le traitement phonologique est construit par l'enfant et devient un processus permanent. De son côté, les processus phonologiques simplificateurs ne s'ancrent pas dans la langue. Transitoires par définition, ils font partie intégrante de l'acquisition des phonèmes par l'enfant qui structure et précise les fonctions des phonèmes intégrés dans l'usage. Tous les processus phonologiques simplificateurs finissent par disparaître. L'enfant finit par consolider sa maîtrise de la phonologie et à éliminer ces processus transitoires.[84]

La phonologie dresse l'inventaire des phonèmes et les catégorise en vertu des traits distinctifs qui les opposent dans le système de la langue. Depuis un bon nombre d'années, un consensus s'est formé autour de l'importance des habiletés de traitement phonologique dans l'acquisition de la lecture.[85]

Le terme ***traitement phonologique*** est plus large que celui de la conscience phonologique et se distingue de tous les autres processus identifiés dans une langue donnée (les processus phonétiques, morphologiques, lexicaux, syntaxiques, sémantiques, grammaticaux, non verbaux etc.). Le traitement phonologique à lui seul fait référence aux opérations mentales qui utilisent l'information phonologique et l'image sonore (auditive) des phonèmes du langage au moment où l'enfant traite le langage oral ou écrit.

---

[83] Par exemple, l'apparition de la consonne finale qui marque le féminin : grosse [gros], petite [pœtit], grande [grɑ̃d], merveilleuse [mɛrvɛjøz], idiote [idjɔt], lasse [lɑs], etc. et les modifications phonologiques entourant les déclinaisons verbales pour le verbe ***manger*** au présent de l'indicatif qui donnent : *je, **tu il, elle** [vi], **nous** [vivɔ̃], **vous** [vive], **ils, elles** [viv] et dont certaines significations sont indissociables du pronom ([ʒœ], [ty], [ɛl], [il]).

[84] INGRAM (1976: 164).

[85] STANKOVICH (1988) et WAGNER et al. (1987).

Chez l'enfant en apprentissage de la langue, le traitement phonologique correspond à sa capacité à se construire un système de représentations phonologiques à partir de l'entrée auditive. Ces représentations phonologiques sont les images mentales de la forme sonore (auditive) des mots emmagasinés dans la mémoire à long terme grâce au contact avec la langue parlée.[86] Plus le vocabulaire oral de l'enfant s'enrichit, plus il arrivera à faire la différence entre les unités minimales distinctives de la langue (les oppositions phonologiques fines).[87]

D'après STANKÉ, le traitement phonologique comprend 1) la conscience phonologique, 2) l'accès au lexique[88] phonologique et 3) la mémoire de travail phonologique.[89]

Le traitement phonologique est le premier processus fonctionnel partagé par tous les locuteurs de la langue. Il est, à la base, un processus permanent de la parole, déterminé par la structure de la langue et les règles d'assemblage des phonèmes qui s'opposent entre eux à travers leurs traits distinctifs et leurs fonctions contrastives dans la parole.

De plus, le traitement phonologique se distingue des processus phonologiques simplificateurs (PPS) de INGRAM (1976) qui entrent en fonction dans le cadre de l'intégration des phonèmes par l'enfant lors de son apprentissage phonologique. Les processus phonologiques simplificateurs ne durent pas dans le temps de par leur nature transitoire. Une fois les phonèmes intégrés par l'enfant, les PPS disparaissent nécessairement pour faire place au traitement phonologique du système codifié qu'il a adopté et construit lors de son apprentissage de la langue.

INGRAM (1976) distingue trois types de processus phonologiques simplificateurs:[90]

---

[86] ST-PIERRE (2006).

[87] DESROCHERS et al. (2009).

[88] Il vaut mieux parler de *système phonologique*, les phonèmes étant des unités distinctives minimales et non pas des unités significatives minimales.

[89] STANKÉ et al. (2016).

[90] INGRAM, D. (1976). Phonological disability in children. Edward Arnold cité par Marie-Anne SCHELSTRAETE et al. (2004 : 81-112).

- les processus structurels touchant les syllabes
- les processus de substitution
- les processus d'assimilation

BOWEN appelle ces processus phonologiques (ou *transformations* phonologiques) les erreurs de l'enfant en développement éprouvant des difficultés phonologiques qui suivent des patrons réguliers et prévisibles non-aléatoires.[91] Les transformations observées sont des productions articulatoires d'un enfant dont la phonologie est en plein développement. Les productions articulatoires sont *le plus souvent* prévisibles et la notion de processus phonologique, bien que fort utile pour l'analyse, n'explique pas tout, malheureusement.[92] Une bonne compréhension de la **phonétique combinatoire** (l'étude de l'interaction et de l'influence des sons sur les autres) permettra à l'intervenant de mieux cerner, en tout ou en partie, ce qui se passe dans l'articulation de la parole chez l'enfant (et l'adulte) et de mieux expliquer pourquoi ces phénomènes sont observés.

Les enfants font des essais (des tentatives, des expériences) articulatoires qui n'impliquent pas toujours des phonèmes apparentés (autrement dit, qui partagent des traits distinctifs communs). Il est parfois difficile de lier certaines productions articulatoires phonétiques au signifié que l'enfant veut évoquer. Encore une fois, la traduction de BOWEN ne rend pas service à l'auteur. Elle répète qu'un enfant qui remplace le son *long* /s/ par son *court* /t/ dans *talon* [talɔ̃] pour *salon* [salɔ̃] (ce qu'elle nomme l'occlusion),[93] remplacera également le son *long* /z/ par le son *court* /d/. Le français n'a pas un système phonologique qui oppose, de manière distinctive, des sons *longs* à des sons *courts* (ou brefs). La distinction qu'il faut faire en français entre ces groupes de phonèmes est mieux définie par ce qui oppose les **constrictives** aux **occlusives** de la langue.

---

[91] BOWEN (2007 : 14).

[92] Je pense à l'exemple fourni par SCHELSTRAETE et al. (2004 : 19) pour **viande** [frãs].

[93] BOWEN (2007 :16).

BOWEN suggère faussement aussi que, le fait d'observer /k/ à la place de /t/ dans *trou* [kru], signifie que /t/ a été assimilé par le lieu d'articulation de /r/. Pourtant, les deux sons ne partagent pas le même lieu d'articulation en français. Toute assimilation phonologique implique qu'un phonème prend le trait distinctif du son qui l'influence au contact. /k/ et /r/ ne font pas partie de la même série et encore moins du même ordre. S'il y avait une assimilation dans le cas présenté par BOWEN, /k/ aurait, à tout le moins, pris *minimalement* un trait distinctif du phonème /r/ (soit son lieu d'articulation, soit sa sonorité). Ce n'est pas le cas. Il aurait été mieux de parler de postériorisation de /t/ pour expliquer la transformation de /t/ en /k/ : le lieu d'articulation de la dorso-vélaire se rapproche naturellement de la consonne uvulaire. Dans le cas de *bleu* [blø] qui devient [dlø], il est difficile de prétendre qu'il y a encore une fois une assimilation du groupe consonantique /bl-/ vers /dl-/ puisque /b/ et /d/ sont tous les deux sonores, au départ. Donc, il n'y a pas lieu de dire que /d/ se rapproche de /l/ sous l'influence du trait distinctif de celui-ci. C'est plutôt un phénomène de postériorisation de la consonne, encore une fois, qui est en cause. /b/ et /d/ sont des phonèmes apparentés sur la base de la série qui les intègre dans la langue, à savoir qu'ils sont, tous les deux, des phonèmes occlusifs sonores. Le fait que /d/ partage avec /l/ le même lieu d'articulation lui permet d'être articulé plus naturellement en présence de l'apico-alvéolaire /l/.

L'analyse fonctionnelle des processus

Un processus phonologique simplificateur met obligatoirement en opposition des *faisceaux* de traits distinctifs qui sont structurellement fonctionnels dans la langue. C'est par la fonction distinctive du *phonème*[94] que la langue oppose les monèmes entre eux sur la base du sens (par exemple, nous savons que *vous* [vu] n'est pas *boue* [bu]). Avec la fonction oppositive des phonèmes, la langue utilise certains faisceaux phonologiques pour établir des

---

[94] Le phonème est une *forme sonore* constituée d'un *faisceau de traits distinctifs*. Le phonème /d/ est, par exemple, constitué du faisceau des traits distinctifs suivants : *apico-alvéolaire, occlusive, orale et sonore.*

oppositions distinctives ou les neutraliser. Dans l'opposition qui distingue /v/ de /b/ plus haut, le trait *labio-dental* est pertinent pour définir /v/ tandis que le trait *bilabial* est pertinent pour définir /b/. Dans les deux cas, ni le trait *oral,* ni le trait *sonore* n'est utile, ni même pertinent pour définir leur opposition.

Les processus peuvent aussi impliquer l'usage de traits articulatoires d'un son qui entre en relation avec un phonème qui partage avec lui certains traits.

L'analyse de tout processus phonologique doit, d'une part, être fondée sur la phonétique fonctionnelle (la phonologie) de la langue (les définitions des phonèmes contenus dans son inventaire) et tenir compte des traits phonétiques articulatoires identifiés pour des sons qui sont en dehors du champ phonologique du système.

D'entrée de jeu, l'analyse d'un processus phonologique doit confronter la définition des traits distinctifs (le faisceau phonologique) d'un phonème donné aux traits distinctifs du phonème qui apparaît à sa place dans la chaîne parlée.

Voici un exemple de processus phonologique qu'on peut identifier dans la production articulatoire d'un enfant.

> Production articulatoire : **chat** [sɑ]
> Modèle attendu de la langue : **chat** [ʃɑ]

Tous les trais distinctifs du faisceau phonologique de la voyelle en production articulatoire (/ɑ/) et la voyelle du modèle attendu de la langue (/ɑ/) sont neutralisés car les voyelles ont toutes les deux le même faisceau de traits distinctifs : *orale, postérieure et ouverte.* Nous savons que l'opposition phonologique d'intérêt est celle qui met en lumière le faisceau des traits distinctifs de /s/ vis-à-vis du faisceau des traits distinctifs de /ʃ/ que voici:

> /s/ : prédorso-alvéolaire, sourde
> /ʃ/ : prédorso-postalvéolaire, sourde

Les deux consonnes ont des lieux d'articulations différents (*prédorso-alvéolaire* s'oppose à *prédorso-postalvéolaire*) mais elles partagent la même sonorité (le trait *sourd*). Lorsque les traits sont partagés par les deux phonèmes en opposition, nous pouvons indiquer cette neutralisation d'opposition *d'une partie du faisceau* en barrant le trait qui n'est pas pertinent pour l'analyse :

/s/ : prédorso-alvéolaire, ~~sourde~~

/ʃ/ : prédorso-postalvéolaire, ~~sourde~~

À partir de là, nous sommes en mesure de dire que ce processus phonologique est lié à un phénomène d'***antériorisation***, puisque le phonème /s/ est produit *articulatoirement* sur les alvéoles et que /ʃ/ est produit derrière celles-ci.

Comment faire lorsque l'analyse d'un processus phonologique doit comparer le faisceau des traits distinctifs d'un phonème donné aux traits articulatoires d'un son qui n'existe pas dans la langue, mais qui apparaît tout de même à la place du phonème attendu ? L'exemple suivant peut fournir une piste d'analyse appropriée.

Un enfant produit *articulatoirement* le son [θ] à la place de /s/ dans le mot **bus**. Il a tendance à trop avancer la langue dans la cavité buccale pour produire la consonne. C'est ce qu'on appelle communément le *sigmatisme interdental*.

Commençons par la confrontation, en bonne et due forme, du faisceau de traits distinctifs du phonème /s/ et des traits articulatoires du son [θ] (qui n'est pas un phonème en français) :

Production articulatoire :   **bus** [bys]

Modèle attendu de la langue : **bus** [byθ]

/s/ : prédorso-alvéolaire, ~~sourde~~

[θ] : interdentale,[95] ~~sourde~~

---

[95] Il aurait été phonologiquement peut-être plus vrai de dire que [θ] est une consonne *apico-dentale* si notre but était de mettre ce son sur le même pied que les consonnes du français qui elles indiquent non seulement le lieu d'articulation mais aussi l'articulateur par défaut dans leurs définitions. Le son [θ] étant en dehors du champ de la phonologie française, nous pouvons nous contenter de le

Nous savons, d'après le tableau phonologique de l'anglais, que le son [θ] est produit avec la pointe de la langue (l'articulateur) appuyée sur les incisives supérieures (le lieu d'articulation). Très souvent, ce son est dit *dental* dans la littérature anglophone. Par commodité, nous dirons que [θ] est *interdental* pour le lier de manière plus pragmatique au phénomène observé par les orthophonistes (le sigmatisme interdental).

Le trait distinctif de la sonorité (*sourd* versus *sourd*) n'est pas pertinent puisque /s/ et [θ] partagent cette marque oppositive. Par contre, leurs lieux d'articulations respectifs sont décisifs dans le processus d'***antériorisation*** observé, puisque le phonème /s/ est articulé sur les alvéoles, tandis que [θ] est, quant à lui articulé sur les incisives supérieures.

La section qui suit permettra de mieux comprendre les processus phonologiques impliqués dans l'apprentissage du français. Ces processus, pour qu'ils soient prévisibles et non-aléatoires dans le développement phonologique de l'enfant, doivent se produire entre des phonèmes qui sont, à la base, ***apparentés***.

Le voisement[96]

Le voisement (ou la sonorisation) de certaines consonnes sourdes est un phénomène qui apparaît tôt dans le développement phonologique de l'enfant. Il implique une importante augmentation non contrôlée des vibrations produites par les cordes vocales qui participent, normalement, à la réalisation des phonèmes sonores. SCHELSTRAETE et al. (2004 :19) donnent l'exemple de ***pyjama*** [biʒama] dont la dilation sous l'influence de l'ensemble des phonèmes sonores du mot (les trois voyelles /i, a, ɑ/ et les deux consonnes /ʒ, m/) permet l'apparition de la bilabiale sonore /b/ qui prend le trait distinctif partagé par l'ensemble des sons constituants.

---

définir comme consonne interdentale pour les besoins de notre analyse.
[96] BOWEN ne fait pas état du voisement dans sa liste de processus les plus communs.

Voici d'autres exemples de consonnes sourdes qui ont pris le trait distinctif de la *sonorité* sous l'influence de leur environnement phonologique:

partir – [bartir]
cour – [gur]
pelle – [bɛl]
jupe – [ʒyb]

Le dévoisement

Le dévoisement est un des phénomènes les plus observés chez l'enfant en apprentissage de la langue française. La forte présence du dévoisement[97] s'explique en grande partie par la réalisation articulatoire des consonnes touchées qui perdent le trait *sonore* qui les constitue normalement. Il y a une économie phonétique associée à la perte de la sonorité.

Le dévoisement implique donc une importante réduction (sinon un arrêt complet) des vibrations des cordes vocales.

BOWEN donne l'exemple de *bouge* qui devient [buʃ]. La constrictive sonore /ʒ/ est réalisée sans les vibrations des cordes vocales et l'articulation est perçue comme étant la constrictive sourde /ʃ/. Voici d'autres exemples de dévoisement pour lesquels les phonèmes sourds (/f, p, k/) sont articulés sous l'influence d'un phonème apparenté (/v, b, g/) dans les ordres du système (voir le tableau des consonnes du français):

lave – [laf][98]
robe – [rɔp][99]
jambe – [ʒɑ̃p]
goût – [ku]

---

[97] Ce que SCHELSTRAETE *et al.* (2004 : 19) appellent l'*assourdissement*.
[98] BOWEN (2007 : 15).
[99] SCHELSTRAETE et al. (2004 : 19).

La dénasalisation

La dénasalisation chez l'enfant est normale au cours du développement phonologique. Les sons n'étant pas encore complètement intégrés par l'enfant, la dénasalisation entraîne la perte sporadique du trait distinctif de la nasalité des voyelles /ɛ̃, œ̃, ɔ̃, ɑ̃/ qui sont réalisées phonétiquement /ɛ, œ, ɔ, ɑ/. Les voyelles qui participent à ce processus phonologique sont apparentés en français (les sons /ɛ̃, œ̃, ɔ̃/ versus /ɛ, œ, ɔ/) et la dénasalisation est possible grâce à leur appartenance à la série des voyelles mi-ouvertes. L'apparition de la dénasalisation de /ɑ̃/ est rendue possible parce que /ɑ̃/ et /ɑ/ appartiennent à la série des voyelles ouvertes. Voici quelques exemples:

mon ami [mɔnami]

impossible [ɛpɔsɪb]

maman [mama][100]

Les deux consonnes nasales /m, n/ peuvent aussi être réalisées par l'enfant comme des consonnes orales puisque /m, n/ et /b, d/, toutes sonores, appartiennent à l'ordre des **bilabiales** dans le cas de l'opposition qui différencie /m/ de /b/ et à l'ordre des **apico-alvéolaires** dans le cas de l'opposition qui différencie /n/ de /d/. Voici quelques exemples:

mouton [butɔ̃]

annule [adyl]

Assimilation progressive

En suivant la définition phonologique de l'assimilation phonologique, la prévisibilité non-aléatoire sera possible entre phonèmes d'une même série ou d'un même ordre. Dans le cas de l'assimilation progressive, l'influence du son qui précède un autre

---

[100] ATTENTION : Ici [a] en position finale est la réalisation particulière (allophone) du phonème /ɑ/ qui est antériorisé en français québécois.

son, donne à ce dernier un ou plusieurs de ses traits distinctifs. Il est coutume d'entendre le mot *cheveux*, être parfois prononcé [ʃfø] plutôt que [ʃœvø]. La présence de [ʃ] devant la constrictive sonore [v] permet le remplacement du trait sonore par un trait sourd qui se traduit par l'articulation de [f] dans [ʃfø]. Il s'agit donc d'une assimilation progressive. Voici d'autres exemples d'assimilations progressives :[101]

Je ne sais pas [ʒœnœsepɑ] devient [ʃepɑ], au contact de [s] sourd. [ʒ] se réalise en tant que [ʃ];

Des rouleaux de soie [derulodœswa] devient [derulotswa], au contact de [s] sourd. [d] se réalise en tant que [t].

Assimilation régressive

Le plus souvent chez l'enfant, l'assimilation est liée à des phonèmes en contact. Un son donne son trait distinctif (ou plus) à un autre son. Dans le cas de l'assimilation régressive, le mot *obtenir* est articulé [ɔptœnir] plutôt que [ɔbtœnir]. Le son [b] perd sa sonorité, (il s'articule comme [p]), au contact du phonème sourd [t] qui suit. Il s'agit donc d'une assimilation régressive.[102] Voici d'autres exemples d'assimilations régressives :

absent [absã] devient [apsã], au contact [s] sourd. [b] se réalise en tant que [p];

subtil [sybtil] devient [syptil], au contact [t] sourd. [b] se réalise en tant que [p];

anecdote [anɛkdɔt] devient [anɛgdɔt], au contact [d] sonore. [k] se réalise en tant que [g].

---

[101]   Voir   https://fr.wikipedia.org/wiki/Assimilation_(phon%C3%A9tique), L'Office québécois de la langue française, Banque de dépannage linguistique, 2002.

[102] On ne fait pas de référencement orthophonique pour des cas comme *obtenir* qui est articulé [ɔptœnir]. Cette prononciation est la forme acceptée dans la langue, par consensus, et elle est transcrite comme telle par le *Petit Robert* (1984).

L'assimilation double

L'assimilation double d'un son se fait par l'influence des sons qui sont en contact avec lui. L'assimilation double est à la fois progressive et régressive. Le phonème sous cette influence articulatoire prend alors le trait distinctif que ces deux autres phonèmes partagent dans son environnement. Par exemple, l'énoncé ***pendant les vacances***, prononcé [pãdãlevakãs] nous montre, dans l'articulation parfois rapide des locuteurs, que [d] se réalise en tant que [n] par assimilation du trait *nasal* des voyelles [ã] qui l'entourent. Cela donnera [pãnãlevakãs].[103]

Les exemples comme ***crocodile*** [krɔkrɔdil], fourni par SCHELSTRAETE et al. (2004 : 19) ne sont pas liés à l'assimilation. L'apparition du deuxième /r/ n'est pas sujet à l'influence d'un autre phonème, comme on le voit dans la dilation. Dans le cas de [krɔkrɔdil], il vaut mieux parler d'intrusion phonologique, le deuxième /r/ apparaît dans le monème sans être lié à l'influence d'un autre son environnant. Cette explication vaut aussi pour l'apparition de /r/ dans ***doigt*** [drwa] et que SCHELSTRAETE et al. (2004 : 19) traitent correctement. L'intrusion est identifiée dans [krɔkrɔdil] à partir de la comparaison du nombre de phonèmes présents dans la *production articulatoire entendue* (neuf sons) et ceux contenus dans le *modèle attendu de la langue* (huit sons). Cette analyse fait ressortir que, pour ***doigt***, l'intrusion de /r/ produit quatre phonèmes dans la *production articulatoire entendue* chez l'enfant au lieu des trois phonèmes du *modèle attendu de la langue*.

Le classement de SCHELSTRAETE et al. (2004 : 19) est aussi problématique dans le cas de ***crocodile*** [krɔkrɔdil] et ***doigt*** [drwa]. Il ne s'agit pas de processus simplificateurs mais bien de processus complexificateurs du monème suite à l'intrusion (l'ajout) d'un phonème supplémentaire dans le mot.

---

[103] https://fr.wikipedia.org/wiki/Assimilation_(phon%C3%A9tique).

La dilation progressive[104]

La dilation progressive est différente de l'assimilation, puisque l'influence d'un son sur un autre, se fait à distance et non pas au contact direct des phonèmes. Dans le cas du mot *définition*, la présence de [e] en début de mot influence la voyelle suivante ([i]) qui s'articule [e], pour donner le signifiant [defenisjõ].

La dilation régressive

Il est habituel aussi d'entendre, en français québécois, des productions comme [surtu] à la place de [syrtu] pour *surtout* dans lequel [y] subit l'influence de [u] dans l'articulation, à savoir par la deuxième voyelle du mot qui influence la voyelle initiale. On peut identifier la dilation régressive dans *beaucoup* qui, au lieu d'être prononcé [boku], est prononcé [buku], sous la même influence.

SCHELSTRAETE et al.[105] fournissent des exemples avec la nasalisation de *robinet* articulé [rɔminɛ] et *banane* articulé [manan] où ces deux cas de dilation régressive démontrent que le trait *oral* de /b/ est perdu au profit du trait *nasal* de /m/, les deux phonèmes conservant leur lieu d'articulation *bilabial*.

La dilation double

La dilation double comprend à la fois une dilation progressive et une dilation régressive pendant laquelle deux phonèmes à distance donnent un trait distinctif (ou plus) à un autre phonème. C'est ce qui peut être observé dans des productions comme *disséminé* [disimine] dans lequel la voyelle initiale et la troisième (deux [i]) produisent, par leurs influences conjointe, la fermeture de /e/ (un changement d'aperture) qui se réalise en tant que [i].

---

[104] La dilation est parfois appelée *métaphonie* en phonétique (Voir DUBOIS : 1973).

[105] SCHELSTRAETE *et al.* (2004 : 19)

Les sigmatismes interdental, addental et latéral

Le sigmatisme interdental, parfois appelé le zézaiement ou le zozotement, est une dyslalie[106] de la parole qui touche la production des constrictives /s, z, ʃ, ʒ/. Cette difficulté articulatoire peut même affecter les consonnes /t, d, l, n/ par la projection trop avancée de la langue[107] entre les dents supérieures et inférieures.[108] Lorsque plusieurs phonèmes sont touchés par le sigmatisme interdental, nous parlons d'*interdentalité*.

L'articulation de /s, z, ʃ, ʒ/ en tant que consonnes interdentales [θ][109] et [ð][110] demeure un phénomène très courant chez les petits. Ces productions peuvent être observées dans:

chanson [θãθɔ̃], *ourson* [uθɔ̃], *sale* [θa], *soleil* [θɔlɛj],

gens [ðã], *gentil* [ðãti], *jambe* [ðãb] et *jambon* [ðãbɔ̃].

La présence des consonnes interdentales [θ] et [ð] dans la parole de l'enfant, dont le système phonologique est en développement, peut être expliquée comme étant la création (l'ajout) d'un lieu d'articulation en dehors du système des consonnes du français. Du point de vue structural, si nous avions à placer [θ] et [ð] dans le tableau des consonnes, ces sons prendraient place entre les labio-dentales et les apico-alvéolaires.

La correction de ce lieu d'articulation fautif (par le biais du

---

[106] Une difficulté articulatoire phonétique qui est, dans la très grande majorité des cas, transitoire.

[107] Il existe plusieurs théories expliquant le développement du sigmatisme. Par exemple, le fait d'avoir sucé son pouce ou d'avoir utilisé une suce trop longtemps (ou d'avoir une respiration uniquement buccale) seraient des facteurs pouvant contribuer au mauvais positionnement de la langue dans la bouche et provoquer le sigmatisme. Le sigmatisme pourrait également être lié à une déglutition atypique pour l'enfant qui avale en poussant la langue vers l'avant.

[108] Voir CAMPOLINI et al. (1998).

[109] Cette constrictive *sourde* est produite en anglais dans des mots comme *thigh*, *thin*, *think*, *thing*, *thought* et *thumb*.

[110] Cette constrictive sonore est produite en anglais dans des mots comme *that*, *the*, *their*, *then* et *there*.

développement de la conscience phonologique de l'enfant) implique de reculer la langue dans la cavité buccale sur les alvéoles pour /s/ et /z/, ou immédiatement derrière les alvéoles pour /ʃ/ et /ʒ/ afin de corriger l'articulation de ces constrictives.

Dans le cas du *sigmatisme addental*,[111] le bout de la langue s'appuie sur les incisives supérieures lors de la production des sons [t̪], [d̪], [l̪], [n̪].[112] Tout comme le sigmatisme interdental, le sigmatisme addental de l'enfant donne aux parents l'impression qu'il parle sur le bout de la langue ou qu'il zozote. Voici quelques exemples à noter :

dent [d̪ã], ***dure*** [d̪y:], ***tape*** [t̪ap], ***temps*** [t̪ã],
lourd [l̪u:], ***loup*** [l̪u], ***nid*** [n̪i], ***nous*** [n̪u]

Le *sigmatisme latéral*, parfois appelé le *schlintement*, quant à lui, est une dyslalie de la parole plus rare. Il est caractérisé par un mauvais positionnement de la langue dans l'articulation de certaines consonnes, plus particulièrement les constrictives /s, z, ʃ, ʒ/, qui occasionne un écoulement d'air par un seul côté de la langue (l'autre côté étant bloqué), entre les dents et la joue intérieure. Dans le cas du sigmatisme latéral, les parents et l'entourage ont l'impression, dans le discours populaire, que l'enfant parle avec une patate chaude dans la bouche. On peut observer l'asigmatisme latéral dans les exemples suivants :

sol [ɬ͡sɔl]
sel [ɬ͡sɛl]
zone [ɬ͡zon]
zèbre [ɬ͡zɛbr]

La correction du sigmatisme latéral, s'il n'est pas associé à une

---

anatomie atypique du muscle de la langue, est plus facile à corriger que le sigmatisme interdental puisque l'intervenant agira uniquement sur le réalignement de la langue sur la cavité buccale supérieure, ce qui implique un travail sur l'articulateur et non pas sur le lieu d'articulation de /s/ et /z/.

Les chutes de phonèmes

Les chutes de phonèmes[113] peuvent se produire dans trois endroits : en position initiale de mot, comme dans *livre* [iv], *enfant* [fɑ̃], *lunettes* [ynɛt], *auto* [to], *Julie* [yli], *ski* [ki],[114] *hippopotame* [pɔtam], *toboggan* [bɔgɑ̃];[115] en position médiane de mot, comme dans *train* [tɛ̃],[116] *carnaval* [karaval] et *madarine* [mɑ̃drin]; et, finalement, en position finale de mot, comme dans *vache* [va], *soupe* [su],[117] *tigre* [ti] et [tig],[118] *fille* [fi], *bille* [bi], *lire* [li] et *tire* [ti]. Dans ce guide destiné à l'intervenant, ces phénomènes sont dans l'ordre : 1) *l'aphérèse*, 2) la *syncope* et 3) l'*apocope*.

L'aphérèse

L'aphérèse s'observe dans la chute de segments (phonèmes) initiaux du monème. L'office de la langue française du Québec en donne quelques exemples:[119]

---

[113] Ce que Marie-Anne SCHELSTRAETE *et al.* (2004 : 19) appellent *suppressions* et *simplifications*, à la suite de JAMART (2001) dans (*Les troubles phonologiques : cadre théorique, diagnostic et traitement*, **Les troubles du langage et du calcul chez l'enfant**, Editions EME, Intercommunication, 2004, pp.81-112).

[114] BOWEN (2007 : 16-17).

[115] Pour les exemples tirés de SCHELSTRAETE et al. (2004 : 19), les transcriptions API sont de l'auteur.

[116] BOWEN (2007 : 16-17).

[117] BOWEN (2007: 16-17).

[118] SCHELSTRAETE et al. (2004 : 19).

[119] https://vitrinelinguistique.oqlf.gouv.qc.ca/index.php?id=24081

Le *bus* était bondé aujourd'hui. (pour *autobus*)

« *Alex*, 'tention à la marche! » (pour *attention*)

« *Toine*, viens ici s'il te plaît! » (pour *Antoine*)

D'autres cas, comme celui de *je suis fatigué* [ʃyfatike] et *je ne suis plus capable* [ʃypykapab] sont aussi d'un grand intérêt pour l'étude de la pression de l'économie phonétique en français. D'autres aphérèses sont encore plus marquantes en québécois et font ressortir la capacité de la langue, à travers l'économie phonétique dont elle fait usage, à permettre aux locuteurs de se comprendre avec un minimum d'unités distinctives. Des énoncés comme *regarde bien* [gabɛ̃] au lieu de [rœgardbjɛ̃][120] (qui représente une chute phonétique de cinq segments) et *qu'est-ce que tu fais là* [fɛla] au lieu de [kɛskœtyfɛla] (qui représente une chute phonétique de sept segments) peuvent sembler extrêmes aux yeux de certains locuteurs québécois. Par contre, ils ont le mérite de démontrer que l'économie phonétique, dans l'usage de la parole, n'empêche pas à la communication d'exister, ni à la langue de fonctionner.

La syncope

La syncope s'observe dans la chute de segments (phonèmes) au milieu du monème. Elle représente une manifestation extrême de l'inertie de la parole et, donc, de la tendance à limiter la dépense d'énergie en rapprochant les articulations.[121] En fait, comme pour tous les phénomènes liés à la phonétique combinatoire, la syncope peut se définir comme une tendance à l'économie phonétique. Des mots comme *université* [nverste][122] et *difficile* [dɪfsɪl][123] témoignent bien de cette tendance. Un des exemples les plus connus de la syncope, en français québécois, est observé dans la production de [satab] au lieu [syrlatabl] (où trois sons sont

---

[120] Avec syncope au milieu du mot.

[121] P. MARTIN (1996 : 118).

[122] P. MARTIN (1996 : 120).

[123] Ici la prononciation remarquée lors des points de presse du premier ministre François Legault pendant la pandémie Covid-19.

retranchés au milieu du mot) pour dire ***sur la table***. Dans le cas de ***elle est grande*** [egrãt], on ne corrige pas /e/. C'est une réduction phonétique naturelle en québécois qui résulte de la fusion des monèmes ***elle*** et ***est*** dont les signifiés se retrouvent tous les deux dans le phonème unique /e/. Ces chutes de phonèmes extrêmes se réalisent dans la réalisation de la voyelle mi-fermée /e/ qui devient l'unité significative minimale représentant ***elle est***.

L'apocope

L'apocope est la chute d'un ou de plusieurs phonèmes à la fin du mot par suite d'une évolution ou réduction phonétique. L'apocope est très présente en français comme en témoignent les occurrences de ***stylo*** pour ***stylographe***, ***cinéma*** pour ***cinématographe***, ***métro*** pour ***métropolitain***. En période d'apprentissage de sa langue, l'enfant présentera lui aussi des occurrences de chutes de phonèmes en position finale de mot, comme en témoignent [fi] pour ***fille***, [lu] pour ***lourd***, [ba] pour ***balle***, [li] pour ***livre*** et [jymjɛ] pour ***lumière***.

Les substitutions, interversions et métathèses

On observe, parfois, dans la langue parlée, des substitutions de phonèmes qui, pour certains, peuvent être liées à l'anticipation phonétique et le mauvais encodage des formes écrites.[124] Les substitutions les plus observées sont de deux types : la première étant *l'interversion* (pour les sons en contact), comme dans [areopɔr] pour ***aéroport*** [aréogar] pour ***aérogare***, [prafwa] pour ***parfois*** et [prɛsɔn] pour ***personne*** et la deuxième étant la *métathèse* (pour les sons à distance), comme dans [ʃɛswar] pour ***séchoir***,[125] [ʃɛsøz] pour ***sécheuse***, [derɔkatif] pour ***décoratif*** chez l'enfant en apprentissage de sa langue, la substitution s'observe dans la période d'intégration la plus forte des sons dans son système phonologique.[126] Dans ce cas, la substitution n'est pas liée à

---

[124] P. MARTIN (1996 : 120).

[125] P. MARTIN (1996 : 120).

[126] Cette tendance est accentuée entre 18 mois et trois ans pour les voyelles,

l'influence d'un phonème sur un autre, comme dans le cas de l'assimilation (au contact des sons) et la dilation (des phonèmes à distance dans le monème). SCHELSTRAETE et al. (2004 : 19) donnent un bon exemple de substitution non motivée par ces phénomènes avec la réalisation phonétique de [riv] pour *rêve*. Dans la parole des tout petits qui n'ont toujours pas parfaitement intégré les phonèmes du système, ces occurrences sont parfaitement normales et particulièrement abondantes (voir les exercices à la fin du présent guide).

L'inversion de segments présentée par SCHELSTRAETE et al. (2004 : 19) pour le mot *spectacle* articulé [pɛstakl] est un bon exemple d'un processus phonologique simplificateur structurel. Il y a effectivement chute de la consonne [k] réduisant au nombre de sept (7) les phonèmes normalement attendus pour la réalisation de [spɛktakl] qui compte huit (8) phonèmes. Par contre, dans le cas de *lomocotive*, présenté par les auteurs, il ne s'agit pas d'un processus phonologique simplificateur. Contrairement à *spectacle*, le nombre de phonèmes de locomotive n'est pas réduit. Tous les sons sont parfaitement intégrés. La production entendue résulte d'une erreur liée à l'ordonnancement (le séquençage) phonologique des sons dans le mot (plus précisément une inversion syllabique) lors de sa réalisation articulatoire et donc à la chronologie du séquençage phonologique (l'apparition des phonèmes) dans la chaîne.

Toute simplification doit nécessairement comprendre soit une réduction phonologique (chute de phonèmes ou chute de traits distinctifs) qui se traduit en économie articulatoire. L'enfant, dans l'utilisation de son appareil phonateur va faire des essais, des tentatives et des expériences phonétiques qui vont se traduire parfois en « accidents phonétiques prévisibles » au cours de son apprentissage. *Lomocotive* et *pestacle* sont le fruit de ces processus et l'enfant finira par corriger ces mots par lui-même en suivant les modèles qu'il entend autour de lui.

---

entre deux ans et quatre ans pour les occlusives, entre trois ans et sept ans pour les constrictives. À ce sujet, voir le tableau de RONDAL (1999 : 71) pour une présentation chronologique de l'acquisition des phonèmes.

Les fluctuations

Les fluctuations phonologiques sont normales chez l'enfant en période de développement. Pour CLAIRIS (1981 : 103*), la fluctuation de phonèmes est la possibilité pour le même locuteur, dans les mêmes circonstances, de faire alterner librement deux ou plus de deux phonèmes dans la même unité significative, et cela uniquement pour certaines unités du lexique.* Chez l'enfant, ces fluctuations *prévisibles* et *transitoires* (elles ne durent pas dans le temps et disparaissent rapidement d'elles-mêmes) donnent parfois l'impression que le système phonologique de l'enfant est instable, qu'il n'est pas consolidé, que les lieux d'articulations sont dynamiques, qu'il y a chevauchement des champs de dispersions des phonèmes,[127] que l'enfant ne discrimine pas les sons correctement, qu'il n'est pas capable de les distinguer dans leurs fonctions dans le système. En fait, l'enfant est en train de définir et préciser l'utilisation des articulateurs et les lieux d'articulations qu'il met à contribution.

Les fluctuations sont normales. Même les adultes produisent des fluctuations quand ils parlent. La variation existe, par exemple, pour le mot **buée**, chez une seule et même personne qui peut faire alterner la voyelle /y/ de [bye] avec la semi-consone /ɥ/ de [bɥe]. Les alternances touchant les voyelles abondent en français et sont articulées, par les locuteurs, de façon inconsciente:

téléphone – [telefɔn] = [tɛlɛfɔn] (voyelle mi-fermée versus mi-ouverte)

geai bleu – [ʒeblø] = [ʒɛblø] (voyelle mi-fermée versus mi-ouverte)

Montréal – [mɔ̃real] = [mɔreal] (voyelle nasale versus orale)

Lors de sa période de développement phonologique, il est tout à fait normal d'entendre (et donc de percevoir) ces alternances se produire dans des moments où les articulations phonétiques de

---

[127] Ce qu'on appelle, en phonologie, l'ensemble des réalisations phonétiques d'un même phonème dans différents contextes.

l'enfant sont imprécises. L'enfant fait des tentatives phonétiques et des essais articulatoires pour produire des mots nouveaux. Cela se voit dans l'utilisation de mots plus longs ou plus compliqués ou l'enfant doit faire appel à des phonèmes plus difficiles à produire, comme les constrictives du français. Ces tentatives peuvent se traduire par des alternances inattendues et l'apparition des fluctuations chez l'enfant est de courte durée. Voici quelques exemples regroupés à travers les années:

jupe - [ʒyp] = [zyp] (alternance entre /ʒ/ et /z/)
vite - [vit] = [fit] (alternance entre /v/ et /f/)
roue - [ru] = [wu] (alternance entre /r/ et /w/)
chien - [ʃjɛ̃] = [sjɛ̃] (alternance /ʃ/ et /s/)
cadeau - [tado] = [kado] (alternance entre /t/ et /k/)
pain - [pɛ̃] = [bɛ̃] (alternance entre /p/ et /b/)

Qu'est-ce qui n'est pas une fluctuation?

Toute fluctuation doit se produire entre des phonèmes établis dans la langue (comme dans les fluctuations identifiées plus haut). Par contre, des alternances entre variantes phonétiques, ou allophones, ne sont pas des fluctuations. Lorsque l'enfant alterne librement entre [bœʸr] et [bœr] pour *beurre*, il s'agit bien d'une alternance entre deux variantes du même phonème, [œʸ] et [œ] ne s'opposant pas dans la langue, puisqu'ils sont des variantes du même phonème /œ/ en français, ce qui ne constitue pas, à proprement parler, une fluctuation.

L'antériorisation

L'antériorisation phonologique est un phénomène impliquant la modification du lieu d'articulation des phonèmes. Par exemple, les consonnes occlusives dorso-vélaires /k, g/ peuvent être articulées comme des apico-alvéolaires /t, d/ ou bilabiales /p, b/ par l'enfant qui développe son système phonologique.

L'appartenance aux séries sourdes ou sonores facilitera ce processus:

$$/k/ \implies /t/ \implies /p/$$
$$/g/ \implies /d/ \implies /b/$$

L'antériorisation, dans le cas des constrictives, s'explique aussi dans la possibilité pour la constrictive sourde prédorso-post-alvéolaire /ʃ/ d'être réalisée comme une prédorso-alvéolaire /s/ ou une labio-dentale /f/ ; et pour la prédorso-alvéolaire /s/ d'être réalisée en tant que consonne labio-dentale /f/ (/ʃ/, /s/ et /f/ étant liées à la série des constrictives sourdes du système).

De la même manière, la constrictive sonore prédorso-post-alvéolaire /ʒ/ peut être réalisée comme une prédorso-alvéolaire /z/ ou une labio-dentale /v/, et la prédorso-alvéolaire /z/ d'être réalisée en tant que consonne labio-dentale /v/ (/ʒ/, /z/ et /v/ étant liées à la série des constrictives sonores du système). L'appartenance des six phonèmes sourds et sonores à des séries qui partagent un même trait distinctif (sourd versus sonore) facilitera ces processus fonctionnels de la langue.

$$/ʃ/ \implies /s/ \implies /f/$$
$$/ʒ/ \implies /z/ \implies /v/$$

Voici quelques exemples tirés de BOWEN et SCHELSTRAETE:[128]

cou - [tu]

gâteau - [dato]

chat - [sa]

Julie - [zyli]

balançoire - [balɑ̃fwar]

doigt - [bwa]

carnaval - [tarnaval]

---

[128] BOWEN (2007 : 17) et SCHELSTRAETE (2004 : 19).

La postériorisation

Les processus de postériorisation phonologiques impliquent la modification du lieu d'articulation des consonnes en sens contraire à l'antériorisation. Les consonnes bilabiales /p, b/ auront tendance à se réaliser ou bien comme des apico-alvéolaires (/t, d/), ou bien comme des dorso-vélaires (/k, g/) et les consonnes apico alvéolaires (/t, d/) auront, quant à elles, tendance à se réaliser comme des dorso-vélaires (/k, g/). Ces processus sont rendus possibles parce que ces six phonèmes partagent les traits distinctifs propres aux séries phonologiques qui permettent ce mouvement dans le système (les sourdes versus les sonores).

$$/p/ \longrightarrow /t/ \longrightarrow /k/$$
$$/b/ \longrightarrow /d/ \longrightarrow /g/$$

Le déplacement de l'articulation de la consonne labio-dentale /f/ vers les lieux d'articulations prédorso-alvéolaire (/s/) ou prédorso-post-alvéolaire (/ʃ/) se fait en fonction de la labio-dentale /f/ appartenant à la même série que la prédorso-alvéolaire /s/ et la prédorso-post-alvéolaire /ʃ/, un groupe de consonnes défini par sa surdité.

Quant à lui, le déplacement de l'articulation de /v/ vers les lieux d'articulations de /z/ et /ʒ/ se fait lui aussi en fonction de la labio-dentale /v/ appartenant à la même série que la prédorso-alvéolaire /z/ et la prédorso-post-alvéolaire /ʒ/ sur la base de la sonorité de ce groupe de consonnes qui partage ce même trait distinctif:

$$/f/ \longrightarrow /s/ \longrightarrow /ʃ/$$
$$/v/ \longrightarrow /z/ \longrightarrow /ʒ/$$

Voici quelques exemples tirés de SCHELSTRAETE:[129]

---

[129] SCHELSTRAETE et al. (2004 : 19).

feu – [sø]

pyjama – [tiʒama]

singe – [ʃɛ̃ʒ]

toboggan – [kɔbɔgã]

Le glide[130]

Il y a deux cas à souligner. Le premier est le processus identifié comme étant le glide phonologique qui implique la postériorisation de la consonne apico-alvéolaire /l/ qui se réalise articulatoirement comme la consonne dorso-palatale /j/ dans l'exemple de la consonne apico-alvéolaire /l/ de *lune* qui devient /j/ dans [jyn]).[131] Le deuxième implique l'antériorisation de la dorso-uvulaire /r/ qui devient soit la dorso-vélaire /w/ ou soit la dorso-palatale /j/ pour *roue* dans [wu] ou [ju].[132]

Lorsqu'un phonème n'est pas intégré dans le système phonologique d'un enfant, celui-ci produira *prévisiblement* un son qui s'apparente à celui-ci. Dans le cas de /l/, pour les enfants en bas âge qui ne sont pas en mesure d'articuler l'apico-alvéolaire constrictive sonore, la dorso-palatale constrictive non-labialisée devient une production articulatoire de premier choix. Dans le cas de /r/, pour ces mêmes enfants qui ne sont pas en mesure d'articuler la consonne dorso-uvulaire, la dorso-vélaire constrictive /w/ et la dorso-palatale constrictive non-labialisée /j/ deviennent toutes les deux des productions articulatoires possibles. Il ne faut pas oublier que le glide fait partie des processus définis par l'antériorisation et la postériorisation phonologiques.

L'occlusion (fermeture)

Les enfants qui sont en plein processus d'intégration de phonèmes constrictifs vont réaliser certaines de leurs consonnes constrictives en tant qu'occlusives, que celles-ci soient sonores ou sourdes.

---

[130] Ce que BOWEN appelle le *gliding*. Voir notre lexique pour la définition traditionnelle.

[131] SCHELSTRAETE et al. (2004 : 19).

[132] BOWEN (2007 : 17).

Nous pouvons observer ce phénomène dans des occurrences comme *soleil* réalisé [tɔlɛj] au lieu de [sɔlɛj], *fou* réalisé [pu] au lieu de [fu] et *vélo* réalisé [belo] au lieu de [velo]. Les deux premiers exemples sont de BOWEN (2007 : 16)[133] et le dernier est de SCHELSTRAETE (2004: 19).

Les frontières morphologiques

Les erreurs de frontière morphologique ne relèvent pas d'une tâche liée à la conscience phonologique mais bien de la conscience morphologique que l'enfant doit développer afin de distinguer ce qui relève du son (les unités distinctives minimales) et ce qui relève du mot ou des particules de mots (les unités significatives minimales). Ce processus relève de la tâche entourant la conscience lexicale.[134] La segmentation de la phrase en unités

---

[133] Il est surprenant de constater, encore une fois, dans l'adaptation de BOWEN (complétée par Rachel Fortin, orthophoniste) à quel point les notions phonologiques du français ne sont pas maîtrisées. Le français n'a certainement pas de constrictives définies par la durée. Rachel Fortin identifie /s, z, f, v, ʃ, ʒ/ comme étant des consonnes *longues* et /t, d, k, g, p, b/ comme étant des *courtes*. En français, il n'y a pas de consonnes *longues* versus des consonnes courtes *(brèves)*. Les séries constrictives et occlusives s'opposent sur le plan du mode articulatoire, mais certainement pas sur le plan de la durée. /s, z, f, v, ʃ, ʒ/ ne sont pas *longues* et /t, d, k, g, p, b/ ne sont pas *courtes*. L'usage dont fait MACLEOD (2016) pour présenter des monèmes francophones est tout aussi préoccupante. Je ne ferai pas le survol complet de sa présentation. En page 2, le professeur d'orthophonie parle bien de [fʌnetsɪkelafʌnʌlʌʒi] en utilisant le symbole /ʌ/ (ce qu'on appelle communément le *wedge* en anglais, une voyelle centrale et lâche réservée à la transcription de l'anglais) pour transcrire le français qui doit utiliser une voyelle postérieure et mi-ouverte /ɔ/ dans [lafɔnetsɪkelafɔnɔlɔʒi]. À la page 12, MACLEOD donne les exemples de *pomme* [pʌm] et *cochon* [kʌʃɔ̃]. Ces transcriptions auraient dû être traduites par [pɔm] et [kɔʃɔ̃] respectivement. À la page 6, dans son trapèze vocalique, MACLEOD présente *brun* (au Canada) comme étant noté [brɶ̃]. Elle présente aussi une voyelle nasale [ã] (antérieure au Canada dans *banc*) et une voyelle [ɑ̃] (postérieure en Europe dans *banc*). Le symbole pour la voyelle antérieure nasale en québécois est bien le symbole [ã]. Il n'y a pas, en phonologie française, deux phonèmes /ɑ̃/ pour distinguer différentes variétés d'usages. [ã] est un allophone de /ɑ̃/, sans plus. Ces dérapages théoriques ne rendent pas service à l'enseignement de l'orthophonie.

[134] BOWEY et al. (1984).

significatives minimales est quelque chose que l'enfant apprend plus tardivement dans son apprentissage de la langue. Il prend conscience qu'il a une emprise réelle sur l'encodage et le décodage de la langue. Il est en mesure d'associer les graphèmes sur papier et les phonèmes qu'il articule. Les jeux d'assemblages et de découpages lui permettent d'isoler les mots individuellement, de les structurer dans l'ordre. Il réussit à déduire de l'usage qu'il entend autour de lui. Il fait « fonctionner » les sons et les mots dans des phrases cohérentes et compréhensibles. Ces premières manipulations vont lui permettre de créer les mots, de les défaire, au point de lui faire prendre conscience que la morphologie du mot existe, sans pouvoir la nommer. Il prendra conscience de la puissance du lexique et des possibilités que celui-ci renferme pour créer et produire des morphèmes qu'il arrivera à décomposer ou recomposer une fois la morphologie de la langue maîtrisée. C'est de cette manière qu'il arrivera à comprendre le fonctionnement de la racine du mot, des désinences, des préfixes, des suffixes qui construisent les monèmes de la langue avec une facilité désarmante, sans toutefois toujours nécessairement être en mesure de faire le lien entre les phonèmes qu'il entend de la bouche de maman qui lui lit une histoire et les graphèmes qui sont couchés sur la page du livre qu'il aime tant (tu march*es*, j'*ai* march*é*, il march*era*, nous march*ions*, nous aur*ons* marché, vous march*ez*, elle*s* march*ent*, je veu*x* march*er*, il veu*t* march*er*, nous voul*ons* march*er*, vous voul*ez* march*er*, ils veul*ent* march*er* etc.). Il est plus difficile pour l'enfant d'identifier au début ces pronoms, ces particules, ces désinences, ces racines et ces mots, de les percevoir en tant qu'unités significatives minimales, individuellement, dans la chaîne parlée, surtout quand celui-ci ne sait pas encore lire ni écrire. Contrairement au code écrit qui place les frontières des mots en les espaçant sur le papier, aucune indication ne lui permet de percevoir ces frontières dans la parole qu'il utilise et qu'il entend les adultes produire autour de lui.

Le processus de segmentation que tente d'accomplir l'enfant dans son apprentissage de la langue qui lui est présentée globalement par le biais des syllabes inséparables et unifiées, fera en sorte qu'il aura tendance à procéder à des segmentations naturellement syllabiques parfois (et souvent) erronées. Voici quelques exemples qui me viennent à l'esprit et dont j'ai été témoin tout au long de ma carrière : [tronɔkype] – ***trop occupé*** provient de l'usage connu de l'enfant : ***Je suis bien occupé*** [ʒœsɥibjɛ̃nɔkype]. La mauvaise frontière phonologique de liaison donne le signifiant [nɔkype]. Le signifiant [tronørø] – ***trop heureux*** provient aussi de l'usage déjà connu de l'enfant : ***Je suis bien heureux*** [ʒœsɥibjɛ̃nørø]. La mauvaise frontière phonologique de liaison donne le signifiant [nørø].

Les modèles d'acquisition des phonèmes

Les modèles d'acquisition des phonèmes sont multiples. Sur quel modèle est-ce que les parents, les garderies et les écoles peuvent-ils se référer avec confiance ? La question peut sembler complexe quand les modèles sont imparfaits. Il n'y a pas de réponse facile à cette question. Par contre, dès l'âge de trois ans, nous pouvons dire avec assez d'assurance qu'un enfant sans bilan médical défavorable devrait avoir intégré toutes les voyelles. Vers l'âge de cinq ans, il devrait avoir intégré toutes les consonnes, à l'exception, peut-être, des constrictives /f, v, s, z, ʃ, ʒ, l, r, j, ɥ, w/ qui peuvent être intégrées plus tardivement, mais l'essentiel du développement est atteint vers l'âge de quatre ou cinq ans (voir ANNEXE 1).[135] Nous proposons, en ce sens, un tableau de développement phonologique actualisé à l'ANNEXE 2.

La stimulation du langage

Ce guide ne traite pas des différentes méthodes disponibles pour assurer une bonne stimulation du langage en lien avec le développement de la conscience phonologique des enfants, afin de les aider à intégrer les phonèmes du français.[136] Par contre, l'analyse qui accompagne les exercices pratiques à la fin du

---

[135] RONDAL (1999 : 73).

[136] Pour des outils en ce sens, voir à cet effet JAGER-ADAMS, Marilyn (2000) ; K. MARTIN (2009) ; DES CHÊNES (2008) ; BEAUCHEMIN (2000) ; MANOLSON (1997) ; LÉVESQUE et MARTIN (1987) ; BERGERON et al. (1985) ; FLEURY et ROUSSIN (1996) ; JOMPHE (1997).

présent ouvrage propose des pistes de solutions à explorer pour bâtir une bonne intervention en stimulation du langage.

C'est dans le cadre familial que la stimulation du langage prend toute son importance. Des parents qui s'impliquent dans la joie, qui parlent à leur enfant, qui jouent avec lui, qui lui font voir qu'il est important à leurs yeux, qui lui font découvrir les sons, les syllabes et les mots, soit par la parole, les chansons, les comptines, les imagiers, les livres et les histoires, ont tout ce qu'il faut pour enrichir et nourrir son développement phonologique.

La stimulation du langage ne peut pas se construire sans cette interaction nécessaire où l'enfant en immersion linguistique apprend ce qu'est le tour de parole. Il faut donner à l'enfant toutes les occasions de s'exprimer. Ces efforts seront réduits dans leur effet positif si les parents n'écoutent pas leur enfant parler. L'enfant doit prendre sa place dans des échanges riches d'amitié et porteurs de développement langagier avant de partir pour la garderie et l'école.

Les parents sont avant tout le modèle de communication qui va permettre à l'enfant de bâtir son environnement langagier. Être nous-mêmes de bons modèles pour l'enfant en lui parlant comme nous parlons aux adultes a toujours été la méthode à préconiser. Si certains reconnaissent le babillage comme étape nécessaire à l'apprentissage de la langue, il peut aussi devenir ce danger pernicieux s'il se prolonge inutilement chez les enfants d'âge préscolaire. Le babillage prolongé, excessif, retardera l'intégration des phonèmes et leur utilisation correcte.

Le dernier point qu'il faut aborder ici est le phénomène de la sous-stimulation. Au cours de mes années comme enseignant, j'ai souvent entendu ces histoires tristes qui, malheureusement, se répètent dans le temps : les enfants qui sont laissés à eux-mêmes dans des maisons où la parole et les échanges n'existent à peu près pas. Un enfant laissé à lui-même est celui qui n'est pas appelé à participer aux conversations dans le milieu familial. C'est l'enfant qu'on place devant des écrans qui prennent toute la place. C'est l'enfant qui n'a pas l'occasion de parler avec les autres. Cet enfant fait partie des individus qui ne sont pas stimulés par la famille et qui se retrouvent trop souvent en déficit langagier parce que leur environnement social est pauvre et, par le fait même, appauvrissant.

La sous stimulation peut toucher toutes les familles et elle n'a rien à voir avec les revenus des particuliers. Qu'on soit financièrement à l'aise ou non, notre enfant peut être affecté par les effets néfastes de la sous-stimulation du langage. L'enfant peut, en bout de ligne, connaître des difficultés phonologiques parce qu'il est laissé à lui-même, qu'on ne lui parle pas et qu'il n'a pas l'occasion de parler.

Les enfants en situation de bilinguisme

L'enfant en situation de bilinguisme (ou trilinguisme) est exposé simultanément à plus d'une langue et doit intégrer de nouveaux systèmes phonologiques avec des traits distinctifs nouveaux pouvant prendre plus de temps à intégrer. Cette situation est normale, même si le nouvel arrivant d'âge scolaire a plus de cinq ans. L'apprentissage de la nouvelle langue seconde pourra s'étaler sur une période plus longue si l'enfant n'a jamais parlé le français. Ce qu'il faut surtout retenir, c'est que la décision de référer ces enfants en orthophonie n'est pas une mesure nécessaire ni souhaitable. Par contre, des activités des stimulation bien structurées pourront contribuer à l'intégration des nouveaux phonèmes plus rapidement.

Le travail de l'observation et du dépistage d'enfants bilingues ne doit pas être pris à la légère. Si la direction de l'école ou du service de garde jugent essentiel d'intervenir pour le bien de l'enfant, cette décision doit être appuyée par un diagnostic concluant de l'orthophoniste qui sait que l'enfant est en situation de bilinguisme. Il ne faut surtout pas référer inutilement les nouveaux arrivants en orthophonie sans justificatif préalable. Les enfants bilingues sont en apprentissage d'une nouvelle langue et la règle de base est simple. On ne réfère pas une personne en situation d'apprentissage de la langue en orthophonie. Il faut laisser à l'enfant du temps pour que les phonèmes s'intègrent dans le nouveau système phonologique qui se construit *sans intervention*.

Nous ne pouvons pas trop insister sur les précautions à prendre quand on est en présence d'un enfant qui semble ne pas être du même niveau d'apprentissage phonologique que les autres autour de lui. Les enfants intègrent les phonèmes dans des étapes relativement semblables, mais rien ne garantit l'uniformité de ces intégrations par tous.[137] Il y aura nécessairement des enfants plus lents à intégrer les sons ou qui parleront plus tardivement, sans que cela ne les impacte négativement à long terme ou de manière déterminante dans leurs apprentissages scolaires.[138] Les erreurs d'interprétation peuvent être néfastes, sinon catastrophiques, pour leur développement personnel (et leur estime de soi) si l'évaluation est faussée. Parfois, il vaut mieux retarder l'évaluation orthophonique plutôt que de démarrer une intervention qui n'est pas, dans les faits observés, justifiée. Par exemple, la décision de mettre en branle un dépistage précoce peut, ultimement, s'appuyer sur le tableau de RONDAL (2003) cité à l'ANNEXE 1 et davantage sur le tableau actualisé de l'ANNEXE 2, pour éviter qu'une évaluation ne tienne pas compte des grandes étapes d'acquisition des phonèmes d'un développement phonologique normal.[139]

Le quatrième problème est celui qu'on ne peut pas ignorer et qui touche la *diversité des modèles d'acquisition des phonèmes* en orthophonie et l'absence criant de consensus véritable dans la littérature. Faute d'études longitudinales pouvant, à partir de populations francophones, réduire les différences observées à l'ANNEXE 1, il apparaît difficile de concevoir que les orthophonistes peuvent assurer une certaine uniformité sur le plan des évaluations et du diagnostic des difficultés du langage en français.

---

[137] RONDAL (1999 : 94-97) évoque, en ce sens, l'acquisition tardive, par des enfants de six ans, de certains sons, dont /ʃ/, /ʒ/, /s/ et /z/. Après six ans, on observe une nette amélioration dans la prononciation des consonnes qu'il identifie comme étant *délicates* /ʃ/, /ʒ/, /s/, /z/, /l/ et /r/. Entre six et dix ans, on assiste à une stabilisation de la prononciation et du débit articulatoire de l'enfant.

[138] Voir le syndrome d'Einstein évoqué par SOWELL (1997) qui décrit ces enfants, parleurs tardifs, très intelligents, qui connaissent un retard dans l'acquisition du langage, mais qui ne sentent pas le besoin de s'exprimer.

[139] Voir les six phonèmes /o, ø, a, j, ɥ, w/ qui ne sont pas discutés par RONDAL (2003 : 69) et dont nous devons tenir compte.

La lecture et la conscience phonologique

Nous ne pouvons pas compléter ce guide sans parler, nécessairement, de l'importance de la lecture comme composante fondamentale de l'apprentissage du français par les enfants et le développement de leur conscience phonologique. Le débat fait rage depuis des années, mais en avoir un aperçu, même imparfait, ne peut que faciliter une prise de position éclairée.

Depuis plus de cinquante ans, il est question de la ***conscience phonologique***[140] et de son influence dans l'apprentissage de la lecture. Ce premier niveau de compétence se définit par l'habileté pour l'enfant d'identifier et de manipuler les mots et les parties d'un mot dans la phrase (le mot, la syllabe et la rime). Cette conscience phonologique, de premier niveau, est généralement bien maîtrisée par la très grande majorité des lecteurs et elle demeure lacunaire chez les lecteurs qui sont en difficulté d'apprentissage. La conscience phonologique plus générale est intimement liée à la découverte du mot et la façon dont il se construit. Elle permet à l'enfant de faire ses premiers pas dans le maniement des structures générales qui le composent. Pour illustrer cette compétence fondamentale, BOSSE cite par exemple, l'enfant capable de dire que, dans /laruturn/ (***la roue tourne***), il y a trois mots. Avoir conscience des syllabes c'est pouvoir dire que dans /rœturne/ (***retourné***) il y a trois syllabes.[141]

De son côté, la ***conscience phonémique*** est une compétence supérieure chez l'enfant qui a développé l'habileté à manipuler le phonème de manière isolée. L'enfant qui a acquis une conscience phonémique de sa langue est en mesure d'isoler les phonèmes, les identifier, les catégoriser, les fusionner, les segmenter, les supprimer, les additionner et les substituer entre eux.[142] L'enfant qui a conscience des phonèmes ou qui a développé une conscience

---

[140] LIBERMAN, I.Y. (1973) ; STANKOVICH (1988) et WAGNER et al. (1987).

[141] BOSSE (2016: 5) Remarquez ici mon utilisation des phonèmes /r/ et /œ/ pour uniformiser le texte. (BOSSE utilise [ʁ] pour /r/ et [ə] pour /œ/).

[142] HALL, S.L. (2006 : 188). Voir ANNEXE 5.

phonémique, est capable de dire que dans /bato/ il y a quatre phonèmes. Voici la représentation qu'en fait HALL (2006 : 187) :

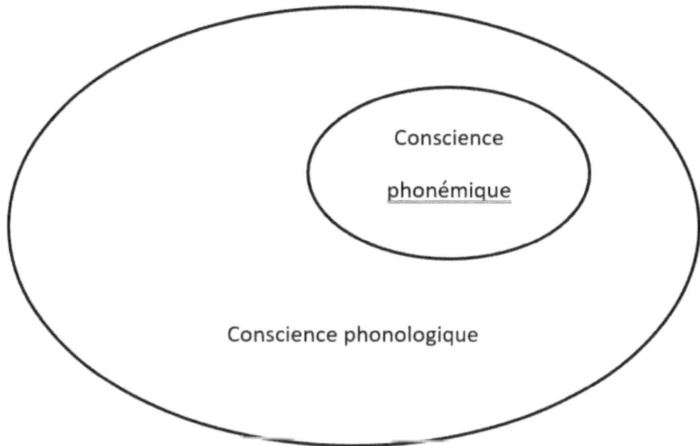

Pour HALL, la conscience phonologique est un terme plus large utilisé lorsque la taille de l'unité phonologique est plus grande qu'un phonème (par exemple, le début de mot - incluant les groupes consonantiques en position initiale -, les syllabes, les mots).[143]

Poussant les définitions un peu plus loin, c'est dire que l'enfant qui maîtrise la conscience phonologique de sa langue pourra facilement manipuler des structures comme:

C'est un chat (chat = 1 syllabe)
C'est un chaton (chaton = 2 syllabes)

---

[143] Pour HALL (2006 : 187) les débuts de mot (**onsets**) sont toutes les consonnes avant une voyelle dans une syllabe articulée ; les rimes sont la voyelle et toutes les consonnes qui la suivent. Il donne l'exemple anglophone du mot uni-syllabique **smiles** qui se compose d'un début, /sm/, et d'une rime, /aᶦlz/. L'attaque /sm/ est constituée des phonèmes /s/ et /m/ ; la rime /aᶦlz/ se compose des phonèmes /aᶦ/, /l/ et /z/ (Nous avons pris la liberté de corriger son phonème /i/ par la voyelle diphtonguée /aᶦ/).

C'est dire aussi que l'enfant qui maîtrise la conscience phonémique de sa langue pourra facilement manipuler des structures comme:

La classe est trop belle
La glace est très bonne

parce que l'enfant sait que ***classe*** s'oppose à ***glace*** parce que /k/ n'est pas /g/, que /ɑ/ n'est pas /a/, que ***trop*** s'oppose à ***très*** parce que /o/ n'est pas /ɛ/, et que ***belle*** s'oppose à ***bonne*** parce que /-ɛl/ n'est pas /-ɔn/.

Dans leur article traitant de la conscience phonémique, BOSSE et al. (2016) mettent en évidence l'inadéquation de certaines pratiques pédagogiques mises de l'avant en maternelle pour en arriver à fournir des éléments de réflexion dans la mise en place d'un enseignement (axé principalement sur la manipulation des syllabes).[144] Celui-ci prépare l'enfant à apprendre à lire tout en soulignant l'importance de l'initier au phonème par le biais de l'écrit et non pas seulement avec des exercices purement oraux. Il a été démontré que, dans les langues alphabétiques, plus l'enfant connaît les phonèmes, plus il est facile pour lui d'aborder la lecture.[145]

Il a été démontré aussi que la conscience phonémique n'est pas une compétence qui survient spontanément avec l'âge, mais qu'elle s'acquiert avec l'apprentissage de la lecture.[146] En début

---

[144] Selon BOSSE et al. (2016 : 14) : *intermédiaire facilement accessible entre le mot et le phonème, la syllabe semble un élément privilégié, à mieux exploiter dans les classes, pour engager les enfants à entrer dans la segmentation de la parole de façon aisée (voir par exemple l'outil Syllabozoo qui permet un travail ludique de segmentation syllabique à l'oral et à l'écrit, Ouzoulias, 2005) et pour construire les premières associations écrit-oral sur des unités plus petites que le mot. Surtout, l'appui sur la syllabe écrite devrait aussi permettre de faciliter l'accès aux phonèmes en rendant concrètes les premières segmentations de la syllabe orale.*

[145] ADAMS (1990) ; BRADY et al. (1991) ; GOSWAMI et al. (1990) et WAGNER et al. (1987).

[146] MORAIS et al. (1979).

d'apprentissage de la lecture, l'influence de la méthode choisie (méthode globale vs. méthode phonique) sur la capacité à manipuler des phonèmes et des syllabes a démontré que, même si les performances des enfants sont similaires pour la manipulation de syllabes, les enfants de la méthode phonique ont des résultats largement meilleurs dans la manipulation des phonèmes que les enfants de la méthode globale. À l'âge de 6 ans, l'enfant est prêt, cognitivement, à acquérir la conscience des phonèmes et ce serait l'apprentissage de la lecture qui pourrait actualiser cette compétence.[147] D'autres ont exprimé l'idée que c'est l'apprentissage de l'écriture (qui codifie les phonèmes) qui permet d'accéder à la conscience du phonème.[148] D'autres études ont suggéré que c'est la conscience phonémique qui précède et influence directement l'apprentissage de la lecture, puisque la conscience phonémique est une compétence purement orale sans lien avec la lecture. Cette hypothèse expliquerait pourquoi la conscience phonémique mesurée en maternelle prédirait les capacités ultérieures en lecture.[149] En fin de compte, les positions théoriques à ce sujet sont si variées qu'elles ne seront peut-être jamais consensuelles[150], et la question de l'influence de la lecture sur le développement de la conscience phonémique et son contraire (l'influence de la conscience phonémique sur l'apprentissage de la lecture) demeure complexe. Compte tenu de la diversité des opinions, on ne peut que conclure que la relation entre conscience phonémique et apprentissage de la lecture va demeurer difficile à cerner encore longtemps.[151]

Qu'importe le point de vue adopté, on ne peut jamais trop réitérer l'importance de la lecture dans le développement global de l'enfant. Un enfant qui lit est un enfant qui réussit. Dès son tout jeune âge, il est primordial que l'enfant soit placé en situation de lecture en famille et qu'on lui lise des histoires, qu'il participe à la découverte de l'écrit et que les parents deviennent des exemples

---

[147] ALEGRIA et al. (1982).

[148] LUKATELA et al. (1995) ; et MANN et al. (2002).

[149] CASTLES et al. (2004).

[150] RONDAL (2007 : 71-72).

[151] BOSSE (2016 : 7).

vivants de lecteurs amoureux du livre. Leurs premiers outils sont les albums et les imagiers, avec toutes leurs images à découvrir. Le livre demeure un outil de choix pouvant contribuer à bâtir un environnement riche de découvertes. Il favorise l'apprentissage à travers la voix des parents qui guident l'enfant dans la découverte des histoires, des sons, des syllabes et des mots. La lecture est un outil de stimulation par excellence pour l'enfant qui bâtit son système phonologique à travers le livre, son interaction avec sa famille, avec les autres, à la garderie ou à l'école.

Conclusion

L'observation et le dépistage des difficultés du langage ne peuvent pas s'accomplir sans passer par une analyse rigoureuse des sons articulés par l'enfant et la fonction de ces unités distinctives dans la langue. En ce sens, tous les intervenants doivent maîtriser la phonétique et la phonologie du français.

Les processus phonologiques que nous avons relevés tout au long de ce guide (et dans les exercices proposés à la fin) donnent un aperçu très riche des phénomènes qui peuvent être identifiés dans le développement du langage de l'enfant qui apprend la langue française. Pour aborder ces processus transitoires, nous savons que le descripteur doit avoir une excellente compréhension des composantes du système qui l'intéresse : 1) les articulateurs du français (la lèvre inférieure et la langue), 2) ses lieux d'articulations (la lèvre supérieure, les dents supérieures, les alvéoles, le palais dur, le palais mous et l'uvule) et 3) les définitions phonologiques des phonèmes (les faisceaux des traits distinctifs) qui demeurent essentielles pour décrire les processus avec compétence.

Les processus phonologiques font partie de l'apprentissage normal de la langue française. Si ces différents processus existent, c'est qu'ils participent activement au développement du système phonologique de l'enfant. Celui-ci se bâtit à travers ses productions articulatoires imparfaites quand il s'exprime pour faire fonctionner les unités discrètes qui permettent d'opposer les mots et le sens que ceux-ci prennent, ultimement, dans la parole.

On ne saurait construire une méthode d'observation et de dépistage sans tenir compte des outils précieux que sont l'*Alphabet Phonétique International* (API), les tableaux phonologiques du français (voyelles et consonnes) et la méthode d'analyse structurante qui a été présentée tout au long de cet ouvrage.

Les modèles qui existent dans le domaine de l'acquisition des phonèmes sont multiples et se contredisent sur plusieurs points. Tout compte fait, les orthophonistes doivent travailler avec précaution pour ne pas porter préjudice à l'enfant lors de l'élaboration du diagnostic. De ce point de vue, le rôle des parents demeure essentiel. Ils peuvent aujourd'hui prendre la décision la mieux éclairée à l'égard du bien-être de leur enfant et des indicateurs pouvant les aider dans cette démarche.

Ce travail important ne peut pas être réalisé sans la contribution nécessaire du domaine de la *phonologie française* et de sa maîtrise par les intervenants qui ont la responsabilité d'évaluer l'enfant *correctement*, sans commettre les erreurs que nous avons soulevées ici, par exemple, dans les manuels traduits de l'anglais.

La réussite phonologique de l'enfant à la garderie, à l'école ou ailleurs prendra tout son sens dans l'environnement stimulant dans lequel il évolue et grandit. La variabilité existe. Certains enfants peuvent avoir un apprentissage plus lent et c'est *normal*. Il ne faut surtout pas l'oublier. Personne n'apprend au même rythme même si de grandes tendances d'acquisition de phonèmes sont observées. *TOUS* les enfants normaux, sans exception, finissent par intégrer le système phonologique de la langue et à la parler sans contrainte.

Ce dernier point, qu'il soit évident pour certains ou nébuleux pour d'autres, ne peut pas être ignoré. Il est la preuve que la langue française fonctionne entre individus uniques qui se développent à des vitesses parfois très variables en société. Cette vitesse d'apprentissage particulière de l'enfant est parfois aussi déterminée, en partie, par des processus plus ou moins complexes. Les difficultés peuvent être plus ou moins persistantes dans le temps, mais sans conséquence grave. Les différents stades de développement phonologique (ANNEXE 2) peuvent aussi être caractérisés par une certaine variabilité entre les enfants avant qu'ils n'intègrent complètement des phonèmes dans le temps, sur une base individuelle. Que cela se produise plus rapidement ou plus lentement, il n'y a pas de doute que l'apprentissage phonologique de l'enfant sera facilité par un milieu de vie des plus stimulants qui lui permettra de communiquer avec les autres avec assurance.

Dans le cas des troubles du langage (dont il n'a pas été question ici), quand ils sont identifiés, le rôle de l'orthophoniste qui maîtrise la méthode présentée ici prend toute sa signification. À travers l'orthophoniste, l'enfant bénéficiera d'une prise en charge indispensable.

Exercices de transcriptions phonétiques

NOTE : La section qui suit présente des exercices de transcriptions phonétiques devant être complétés en utilisant les symboles de l'Alphabet Phonétique International (API). Les symboles de l'API se trouvent dans les tableaux des voyelles et des consonnes que nous avons présentés au préalable (voir ANNEXE 7 pour une référence rapide). La transcription phonétique se fait entre crochets ([]) et il ne faut pas indiquer d'espaces entre les signifiants qu'elle représente.

Exercice de transcription phonétique 1[152]

un	évier	amour
deux	souris	drôle
trois	ridicule	fantastique
quatre	façon	étui
cinq	juste	huile
six	salade	olive
sept	poivre	sucre
huit	téléphone	déjeuner
neuf	intelligent	souper
dix	biscuit	sable
travail	radio	neige
examen	homme	magasin
voyage	femme	tabac
enfant	table	école
bébé	chaise	maman
argent	cuillère	fille
phénomène	café	garçon

---

[152] Pour aller plus loin, il est possible de compléter des exercices de perception auditive et compléter d'autres exercices de transcription en visitant le laboratoire de phonétique de l'Université Laval à l'adresse https://www.phonetique.ulaval.ca/.

cuisine thé crayon

bain lait assiette

toilette jus

Exercice de transcription phonétique 2

ami	chapeau	chien
sœur	maison	jalouse
bleu	rouge	noir
chanson	chemise	pantalon
jupe	lunettes	route
boîte	souliers	bicyclette
char	verre	vitre

Exercice de transcription phonétique 3

rue	prix	chou
fleur	raison	parfait
violet	multiple	voir
regard	vertige	cerveau
papier	cheveux	ballon
sourire	chaussures	œil
tête	bras	jambe

Exercice de transcription phonétique 4

bureau	carte	ordinateur
écran	capturer	glace
vanille	chocolat	pizza
tarte	visa	passeport
permis	orteil	doigt
coude	genoux	solitude
armoire	main	carton

Exercice de transcription phonétique 5

Bonjour ! Je m'appelle Félix Durand.

Demain matin, Paul part pour Paris.

Je ne peux pas faire ce travail.

J'aimerais deux œufs brouillés, des toasts et un café, s'il vous plaît.

François veut vraiment acheter une voiture neuve.

Exercice de transcription phonétique 6

Je vis à Montréal.

Ma fille est malade.

Je travaille là-bas.

Prends mon sac.

Paul est parti.

Jeanne est forte.

François trouve que tu exagères.

Tu peux venir.

Mange tes frites.

J'te crois pas.

Exercice de transcription phonétique 7

Le monde est fou.

Il ne faut pas abandonner.

Le ciel est bleu.

Il pleut depuis lundi.

Je fais comment pour ranger tout ça?

Achète donc un dictionnaire.

C'est beaucoup trop cher.

Avez-vous un générique ?

Il y a une limite à vouloir faire plaisir !

Mon pneu est crevé. Tu peux venir ?

Le riz sauté aux légumes est délicieux.

Je fais du poisson pour souper.

Julien est parti à midi.

Son avion atterrit à 19h00.

Le métro est bloqué à Lionel-Groulx.

La clôture ne tient plus.

De la crème-glacée et des fraises.

Veux-tu des croquettes ?

Je n'ai pas vraiment faim.

Exercice de transcription phonétique 8

1,2,3 nous irons aux bois.

4,5,6 cueillir des cerises.

7,8,9 dans un panier neuf.

10,11,12 elles seront toutes rouges.

Exercice de transcription phonétique 9

Une activité de stimulation du langage.

Un homme est passé par la porte.

Le directeur refuse de me donner congé.

Elles vont tout faire pour réussir.

Exercice de transcription phonétique 10

Les enfants sont allés à la plage.

Est-ce que la pluie a cessé ?

Comment tu fais pour travailler avec lui ?

Je veux acheter un poisson rouge.

Tu as lu le dernier Yasmina Khadra ?

Exercices pratiques

Une analyse fondée sur les faisceaux phonologiques des traits distinctifs.[153]

L'utilité de l'analyse des processus phonologiques à partir des traits distinctifs contenus dans les faisceaux phonologiques permettant de différencier les phonèmes a connu son envol dans les années soixante-dix et quatre-vingt.[154]

À ce moment-là, l'analyse des processus phonologiques a été décrite sur une base fonctionnelle et articulatoire, mais l'attention s'est vite déplacée sur la *fonction des phonèmes* dans le système de la langue sous l'impulsion de David INGRAM (1976) qui initia la recherche de patrons dans les erreurs de productions articulatoires pouvant être expliquées à partir du système de la langue, ce que nous appelons aujourd'hui les processus phonologiques.

Pour INGRAM, les processus phonologiques sont des règles descriptives ou des énoncés qui expliquent les erreurs de substitutions, d'omissions, ou d'addition de phonèmes par l'enfant quand il parle en situation de développement phonologique.[155] Dans cette approche, l'enfant est perçu comme tentant de produire tous les segments de la parole adulte mais qui, pour des raisons liées à l'immaturité[156] de ses capacités motrices, cognitives, perceptives ou linguistiques, l'enfant *simplifie* la cible articulatoire réalisée par l'adulte. Donc, pour INGRAM, les processus phonologiques décrivent la façon dont l'enfant simplifie l'usage pour communiquer. Cette analyse présume donc que l'enfant connaît la forme adulte (ex : [pɔrt] pour porte) mais qu'il omet par simplification le phonème /r/, ce qui implique, nécessairement, une

---

[153] Comme nous l'avons vu plus tôt, *distinctif* et *pertinent* sont synonymes ici.

[154] ELBERT (1986 : 20), BLACHE et al. (1982), COSTELLO (1975) et COSTELLO et al. (1976).

[155] ELBERT (1986 : 26).

[156] Comprendre ici l'utilisation du mot **immaturité** par INGRAM au sens où l'enfant est en plein développement du langage.

correspondance parfaite (1 : 1) entre le parler de l'enfant et celui de l'adulte.

L'analyse de INGRAM tient aussi pour acquis que les processus phonologiques se traduisent par des règles de simplification. Malgré le fait qu'il soit impossible pour les règles de tenir compte de toutes les occurrences (erreurs de productions articulatoires) que nous pouvons identifier dans le développement phonologique de l'enfant, son analyse permet tout de même de décrire et d'expliquer ce qui se passe quand nous identifions ces erreurs de productions articulatoires chez l'enfant en plein développement phonologique, sur la base des traits distinctifs.[157]

Étapes d'analyse

La première étape consiste à obtenir un échantillon représentatif de la production articulatoire de l'enfant.

La deuxième étape consiste à identifier les écarts dans les productions articulatoires entendues de l'enfant et de les confronter aux productions articulatoires attendues de la langue.

La troisième étape consiste à identifier le processus phonologique qui décrit le mieux ce qui est observé. Nous avons présenté dans cet ouvrage: le voisement, le dévoisement, la nasalisation, la dénasalisation, l'assimilation, la dilation, le sigmatisme, la chute de phonèmes, la substitution, la fluctuation, l'inversion, l'antériorisation, la postériorisation, le glide, l'occlusion et les erreurs de frontières phonologiques, pour ne nommer que ceux-là.

Il se peut que plus d'un processus phonologique soit impliqué dans la production articulatoire de l'enfant. L'exemple anglophone donnée par ELBERT (1986 : 27) fait état d'une chute de phonème et d'une occlusion ([tɛlʌfon]⇒[tɛpon]).

---

[157] La procédure d'analyse à partir des traits distinctifs des phonèmes est disponible dans HODSON (1980), INGRAM (1981) et KHAN (1985). Pour une présentation détaillée au sujet de la notion de trouble (*disability*) phonologique, voir P. GRUNWELL (1981). Pour des exemples de productions articulatoires tirés d'enfants anglophones qui mettent en lumière certains processus phonologiques, voir GRUNWELL (1987 : 17-29). Pour une chronologie des processus phonologiques en anglais, voir GRUNWELL (1987 : 229).

Les exercices doivent être complétés en utilisant la méthode décrite aux sections dédiées à la définition phonologique des voyelles et des consonnes qui suit la présentation des tableaux phonologiques.[158]

En s'appuyant sur les exemples 1 et 2 qui suivent, il faut reproduire la technique qui permet 1) d'identifier les processus - les phénomènes observés -, 2) de présenter les faisceaux phonologiques qui s'opposent, 3) de dégager les traits distinctifs qui sont liés au processus, 4) de présenter les éléments à considérer - l'articulateur, le lieu d'articulation, le mode articulatoire, etc. - et 5) de présenter des pistes d'interventions.

Si l'analyse d'un cas particulier pose problème, il faut consulter les tableaux phonologiques et les définitions des phonèmes pour approfondir davantage l'analyse des traits distinctifs en vérifiant quel trait distinctif du faisceau phonologique du phonème permet de l'opposer à un autre. C'est la base. En effet, les tableaux phonologiques du français donnent des indications claires quant aux deux articulateurs du français, les lieux d'articulations et les modes de productions possibles. Voici deux exemples pouvant être consultés afin de résoudre *correctement* toutes les études de cas qui vont enrichir la compréhension des intervenants.

---

[158] Pour une référence rapide des définitions, voir l'ANNEXE 6.

Exercice pratique – Analyse (Exemple 1)

Production articulatoire de l'enfant: *table* - [tat][159]

Modèle attendu: [tabl]

Processus observé: **Dilation progressive** (phonème à distance): /b/ $\Rightarrow$ /t/ et ***postériorisation*** de la consonne /b/ $\Rightarrow$ /t/.

Faisceaux phonologiques en présence:

/t/ : apico-alvéolaire, sourde

/b/ : bilabiale, sonore ~~orale~~,[160]

Traits distinctifs liés du processus:

/t/ : apico-alvéolaire, sourde

/b/ : bilabiale, sonore

À considérer: **L'articulateur** : la lèvre inférieure est l'articulateur de la bilabiale /b/;

Le lieu d'articulation : /b/ est une consonne articulée sur la lèvre supérieure;

La sonorité : les cordes vocales doivent vibrer pour produire la consonne /b/.

Piste d'intervention: Développer la conscience phonologique de l'enfant pour la consonne bilabiale sonore.

---

[159] Malgré la chute de la consonne /l/ en position finale (la réduction du groupe consonantique /-bl/), ce sont bien la dilation et la postériorisation de /b/ qui sont d'intérêt ici.

[160] Ce trait du faisceau est neutralisé puisque la bilabiale /b/ est distinctivement *orale* uniquement par rapport à la *nasale* /m/. ***Lorsqu'une note de page comme celle-ci est ajoutée pour expliquer l'analyse d'une étude de cas, il est important de consulter les tableaux phonologiques et les définitions phonologiques disponibles dans ce guide pour bien comprendre les rapports qui existent entre les phonèmes du français.***

Exercice pratique – Analyse (Exemple 2)

Productions articulatoires de l'enfant:	**mademoiselle** [manmwazɛl]
Modèle attendu:	[madmwazɛl]
Processus observé :	**Assimilation régressive** de /d/ (apico-alvéolaire, orale) sous l'influence de la consonne nasale /m/ ⇒ /n/ (apico-alvéolaire, nasale).
Faisceaux phonologiques en présence :	/d/ : ~~apico-alvéolaire, occlusive~~[161], orale, ~~sonore~~[162] /n/ - ~~apico-alvéolaire~~, nasale
Traits distinctifs liés au processus :	/d/ : orale /n/ - nasale
À considérer :	**Le mode articulatoire** : /d/ est une occlusive apico-alvéolaire orale tandis que /n/ est une occlusive apico-alvéolaire nasale. Les deux partagent le même lieu d'articulation et le même articulateur.
Piste d'intervention :	Bâtir la conscience phonologique de l'enfant pour la production des consonnes orales produites avec le voile du palais appuyé contre la paroi pharyngale.

---

[161] Ce trait du faisceau est neutralisé puisque l'apico-alvéolaire /d/ est distinctivement *occlusive* uniquement par rapport à la *constrictive* /l/.

[162] Ce trait du faisceau est neutralisé puisque /d/ est distinctivement *sonore* par rapport à l'apico-alvéolaire *sourde* /t/.

Exercices pratiques à compléter

(Voir corrigés à la fin)

Étude de cas 1
Production articulatoire de l'enfant: **bonbons** [mɔ̃mɔ̃]

Étude de cas 2
Production articulatoire de l'enfant: **tableau** [tadlo]

Étude de cas 3
Production articulatoire de l'enfant: **noir** [mwɑr]

Étude de cas 4
Productions articulatoires de l'enfant: **huit** [wit]
biscuit [biskwi]
huile [wil]

Étude de cas 5
Productions articulatoires de l'enfant :   **chat** [sɑ]
chaud [so]
chanter [sɑ̃te]

Étude de cas 6
Production articulatoire de l'enfant: **famille** [samij]

Étude de cas 7
Production articulatoire de l'enfant: **souris** [suji]

Étude de cas 8
Production articulatoire de l'enfant: **bateau** [bado]

Étude de cas 9
Production articulatoire de l'enfant: **jeu** [zø]

Étude de cas 10
Production articulatoire de l'enfant: **Trop gros** [krogro]

Étude de cas 11
Production articulatoire de l'enfant: **Malade** [majad]

Étude de cas 12
Production articulatoire de l'enfant: **Malade** [manad]

Étude de cas 13
Production articulatoire de l'enfant: **genou** [ðœnu]
jaloux [ðalu]
giraffe [ði:af][163]

Étude de cas 14
Production articulatoire de l'enfant: **Porte** [kɔrt]

Étude de cas 15
Production articulatoire de l'enfant: **Porte** [bɔrt]

Étude de cas 16
Production articulatoire de l'enfant: **Porte** [pɔt]

Étude de cas 17
Production articulatoire de l'enfant: **très organisée**
[trɛnɔrganize]

---

[163] Les points (:) indique une pause dans la production.

Étude de cas 18
Production articulatoire de l'enfant: **rouge** [uʒ]
rue [y]

Étude de cas 19
Production articulatoire de l'enfant: **rouge** [wuʒ]

Étude de cas 20
Production articulatoire de l'enfant: **rouge** [juʒ]

Étude de cas 21
Production articulatoire de l'enfant: **obstacle** [ɔpstak]

Étude de cas 22
Production articulatoire de l'enfant: **six** [ɫsiɫs]
sauter [ɫsote]
chanter [ɫʃɑ̃te]

Étude de cas 23
Production articulatoire de l'enfant: **un éléphant**
[œ̃lelefɑ̃]

Étude de cas 24
Productions articulatoires de l'enfant: **préféré** [presere]
parfumé [parsyme]
enfermé [ɑ̃sɛme]

Étude de cas 25
Productions articulatoires de l'enfant: **de moi** [tœmwa]

Étude de cas 26
Productions articulatoires de l'enfant: **notre bébé**
[nɔdbebe]

Étude de cas 27
Productions articulatoires de l'enfant : **jus** [ʃy]
grange [grɑ̃ʃ]
toujours [tuʃur]

Étude de cas 28
Productions articulatoires de l'enfant : **veste** [fɛst]
chèvre [ʃɛf]

Étude de cas 29
Productions articulatoires de l'enfant : **premier** [krœmje]
prendre [krɑ̃d]
petit [kœti]

Étude de cas 30
Productions articulatoires de l'enfant : **ballon** [palɔ̃]
donner [tɔne]
garder [karte]
bibliothèque [pipiɔtɛk]

Étude de cas 31
Productions articulatoires de l'enfant : **maintenant** [mɛna]
important [ɛpɔtɑ̃]
impossible [ɛpɔsɪb]

Étude de cas 32
Productions articulatoires de l'enfant : **faire ça** [fɛsɑ]

Étude de cas 33
Productions articulatoires de l'enfant : **vouloir** [vuwɑ]
falloir [fawɑ]

jour [ʒu]
dire [di]

Étude de cas 34
Productions articulatoires de l'enfant :

bulles [depyl]
balles [pal]

Étude de cas 35
Productions articulatoires de l'enfant :

jupe [ʒɪp]
figure [fygyr]
minute [mynyt]

Étude de cas 36
Productions articulatoires de l'enfant :

grand [krɑ̃]
figure [fikyr]

Étude de cas 37
Productions articulatoires de l'enfant :

carton [kartrɔ̃]

Étude de cas 38
Productions articulatoires de l'enfant :

Suzanne [θyθan]
sur [θyr]
bus [byθ]
serpent [θɛrpɑ̃]
pissenlit [piθɑ̃li]
cassé [kɑθe]
bouche [buθ]

Étude de cas 39
Productions articulatoires de l'enfant :

rond [wɔ̃]
robe rouge
[wɔbwuʒ]

Étude de cas 40
Productions articulatoires de l'enfant :   **table** [t̪ab]
doux [d̪u]

Étude de cas 41
Productions articulatoires de l'enfant :   **psychologue**
[spikɔlɔg]

Étude de cas 42
Productions articulatoires de l'enfant :   **facilite** [falisit]
magasin [mazagɛ̃]

Étude de cas 43
Productions articulatoires de l'enfant :   **corridor** [kɔlidɔr]

Étude de cas 44
Production articulatoire de l'enfant: *bateau* [bapo]

Étude de cas 45
Productions articulatoires de l'enfant: **télévision** [tevelizjɔ̃]

Étude de cas 46
Productions articulatoires de l'enfant: **merveilleux**
[mɛvrɛjø]

Corrigés – Transcriptions phonétiques

CORRIGÉ - Exercice de transcription phonétique 1

un [œ̃]	évier [evje]	amour [amur]
deux [dø]	souris [suri]	drôle [drol]
trois [trwɑ]	ridicule [ridikyl]	fantastique [fɑ̃tastik]
quatre [katr]	façon [fasɔ̃]	étui [etɥi]
cinq [sɛ̃k]	juste [ʒyst]	huile [ɥil]
six [sis]	salade [salad]	olive [ɔliv]
sept [sɛt]	poivre [pwɑvr]	sucre [sykr]
huit [ɥit]	téléphone [telefɔn]	déjeuner [deʒœne]
neuf [nœf]	intelligent [ɛ̃teliʒɑ̃]	souper [supe]
dix [dis]	biscuit [biskɥi]	sable [sɑbl]
travail [travaj]	radio [radjo]	neige [nɛʒ]
examen [ɛgzamɛ̃]	homme [ɔm]	magasin [magazɛ̃]
voyage [vwajaʒ]	femme [fam]	tabac [tabɑ]
enfant [ɑ̃fɑ̃]	table [tabl]	école [ekɔl]
bébé [bebe]	chaise [ʃɛz]	maman [mamɑ̃]
argent [arʒɑ̃]	cuillère [kɥijɛr]	fille [fij]
phénomène [fenɔmɛn]	café [kafe]	garçon [garsɔ̃]
cuisine [kɥizin]	thé [te]	crayon [krɛjɔ̃]
bain [bɛ̃]	lait [lɛ]	assiette [asjɛt]
toilette [twalɛt]	jus [ʒy]	

CORRIGÉ - Exercice de transcription phonétique 2

ami [ami]	chapeau [ʃapo]	chien [ʃjɛ̃]
sœur [sœr]	maison [mɛzɔ̃]	jalouse [ʒaluz]
bleu [blø]	rouge [ruʒ]	noir [nwɑr]
chanson [ʃɑ̃sɔ̃]	chemise [ʃœmiz]	pantalon [pɑ̃talɔ̃]
jupe [ʒyp]	lunettes [lynɛt]	route [rut]
boîte [bwɑt]	souliers [sulje]	bicyclette [bisiklɛt]

char [ʃɑr]   verre [vɛr]   vitre [vitr]

CORRIGÉ - Exercice de transcription phonétique 3

rue [ry]   prix [pri]   chou [ʃu]
fleur [flœr]   raison [rɛzɔ̃]   parfait [parfɛ]
violet [vjɔlɛ]   multiple [myltipl]   voir [vwɑr]
regard [rœgɑr]   vertige [vɛrtiʒ]   cerveau [sɛrvo]
papier [papje]   cheveux [ʃœvø]   ballon [balɔ̃]
sourire [surir]   chaussures [ʃosyr]   œil [œj]
tête [tɛt]   bras [brɑ]   jambe [ʒɑ̃b]

CORRIGÉ - Exercice de transcription phonétique 4

bureau [byro]   carte [kart]
ordinateur [ɔrdinatœr]

écran [ekrɑ̃]   capturer [kaptyre]   glace [glas]
vanille [vanij]   chocolat [ʃɔkɔlɑ]   pizza [pidzɑ]
tarte [tart]   visa [vizɑ]   passeport [paspɔr]
permis [pɛrmi]   orteil [ɔrtɛj]   doigt [dwa]
coude [kud]   genoux [ʒœnu]   solitude [sɔlityd]
armoire [armwɑr]   main [mɛ̃]   carton [kartɔ̃]

CORRIGÉ – Exercice de transcription phonétique 5

Bonjour ! Je m'appelle Félix Durand - [bɔ̃ʒurʒœmapɛlfeliksdyrɑ̃]
Demain matin, Paul part pour Paris - [dœmɛ̃matɛ̃pɔlparpurpari]
Je ne peux pas faire ce travail - [ʒœnœpøpɑfɛrsœtravaj]
J'aimerais deux œufs brouillés, des toasts et un café, s'il vous plaît.
[ʒɛmrɛdøzøbrujedɛtosteœ̃kafesilvuplɛ]
François veut vraiment acheter une voiture neuve.
[frɑ̃swavøvrɛmɑ̃aʃteynvwatyrnœv]

CORRIGÉ - Exercice de transcription phonétique 6

Je vis à Montréal.   [ʒœviamɔ̃real]

Ma fille est malade.   [mafijɛmalad]

Je travaille là-bas.   [ʒœtravajlabɑ]

Prends mon sac.   [prɑ̃mɔ̃sak]

Paul est parti.   [pɔlɛparti]

Jeanne est forte.   [ʒanɛfɔrt]

François trouve que tu exagères.   [frɑ̃swatruvkœtyɛgzaʒɛr]

Tu peux venir.   [typøvœnir]

Mange tes frites.   [mɑ̃ʒtɛfrit]

J'te crois pas.   [ʃtœkrwapɑ]

CORRIGÉ - Exercice de transcription phonétique 7

Le monde est fou.   [lœmɔ̃dɛfu]

Il ne faut pas abandonner.   [ilnœfopɑabɑ̃dɔne]

Le ciel est bleu.   [lœsjɛlɛblø]

Il pleut depuis lundi.   [ilplødœpɥilœ̃di]

Je fais comment pour ranger tout ça? [ʒœfɛkɔmɑ̃purɑ̃ʒetusɑ]

Achète donc un dictionnaire.   [aʃɛtdɔ̃œ̃diksjɔnɛr]

C'est beaucoup trop cher.   [sɛbokutroʃɛr]

Avez-vous un générique ?   [avevuœ̃ʒenerik]

Il y a une limite à vouloir faire plaisir.
[ilijɑynlimitavulwɑrfɛrplɛzir]

Mon pneu est crevé. Tu peux venir ?
[mɔ̃pnøɛkrœvetypøvœnir]

Le riz sauté aux légumes est délicieux.
[lœrisoteolegymɛdelisjø]

Je fais du poisson pour souper.
[ʒœfɛdypwasɔ̃pursupe]

Julien est parti à midi.
[ʒyljɛ̃ɛpartiamidi]

Son avion atterrit à 19h00.
[sɔ̃navjɔ̃atɛriadiznœvœr]

Le métro est bloqué à Lionel-Groulx.
[lœmetroɛblɔkealiɔnɛlgru]

La clôture ne tient plus.
[laklotyrnœtjɛ̃ply]
De la crème-glacée et des fraises.
[dœlakrɛmglaseedɛfrɛz]
Veux-tu des croquettes ?
[vøtydɛkrɔkɛt]
Je n'ai pas vraiment faim.
[ʒœnepɑvrɛmɑ̃fɛ̃]

CORRIGÉ - Exercice de transcription phonétique 8

1,2,3 nous irons aux bois.
[œ̃døtrwɑnuzirɔ̃zobwɑ]
4,5,6 cueillir des cerises.
[katsɛ̃ksiskœjirdɛsœriz]
7,8,9 dans un panier neuf.
[sɛtɥitnœfdɑ̃zœ̃panjenœf]
10,11,12 elles seront toutes rouges.
[disɔ̃zduzɛlsœrɔ̃tutruʒ]

CORRIGÉ - Exercice de transcription phonétique 9

Une activité de stimulation du langage.
[ynaktivitedœstimylasjɔ̃dylɑ̃gaʒ]
Un homme est passé par la porte.
[œ̃nɔmɛpɑseparlapɔrt]
Le directeur refuse de me donner congé.
[lœdirɛktœrœfyzdœmœdɔnekɔ̃ʒe]
Elles vont tout faire pour réussir.
[ɛlvɔ̃tufɛrpureysir]

CORRIGÉ - Exercice de transcription phonétique 10

Les enfants sont allés à la plage.
[lɛzɑ̃fɑ̃sɔ̃talealaplaʒ]

Est-ce que la pluie a cessé?
[ɛskœlaplɥiasɛse]
Comment tu fais pour travailler avec lui?
[kɔmɑ̃tyfɛpurtravajeavɛklɥi]
Je veux acheter un poisson rouge.
[ʒœvøaʃteœ̃pwasɔ̃ruʒ]
Tu as lu le dernier Yasmina Khadra?
[tyalylœdɛrnjejasminɑkadrɑ]

Corrigés – Exercices pratiques

CORRIGÉ - Étude de cas 1

Production articulatoire de l'enfant : **bonbons**   [mɔ̃mɔ̃]

Modèle attendu :   [bɔ̃bɔ̃]

Processus observé: ***Assimilation régressive double*** sous l'influence du phonème /ɔ̃/ - phonème en contact - /b/ (orale) ⇒ /m/ (nasale).

Faisceaux phonologiques en présence :

/m/ : ~~bilabiale~~, nasale

/b/ : ~~bilabiale~~, orale , ~~sonore~~[164]

Traits distinctifs liés au processus :

/m/ : nasale

/b/ : orale

À considérer :   ***Le mode articulatoire*** est à modifier (le voile du palais doit toucher la paroi pharyngale et empêcher l'air de s'écouler par les fosses nasales lors de la production de la consonne /b/).

Piste d'intervention :   Développer la conscience phonologique de l'enfant pour les consonnes bilabiales orales.

CORRIGÉ - Étude de cas 2

Production articulatoire de l'enfant : **tableau**   [tadlo]

Modèle attendu :   [tablo]

---

[164] Ce trait du faisceau est neutralisé puisque la *biblabiale* /m/ est elle aussi *sonore* par défaut (voir la définition des consonnes).

Processus observé: ***Postériorisation*** de /b/.

                                          Dilation progressive de /b/ (sous l'influence de /t/) ⇒ /d/.

Faisceaux phonologiques en présence:

                     /d/ : apico-alvéolaire, ~~occlusive~~,[165] ~~orale~~, ~~sonore~~

                     /b/ : bilabiale, ~~orale, sonore~~

Traits distinctifs liés au processus:

                     /d/ - apico-alvéolaire[166]

                     /b/ - bilabiale

À considérer: ***L'articulateur***: La consonne /b/ est articulée avec la lèvre inférieure.

                                            Le lieu d'articulation: La consonne /b/ est articulée sur la lèvre supérieure.

Piste d'intervention: Bâtir la conscience phonologique de l'enfant pour la consonne bilabiale /b/ qui est produite avec le bon articulateur et le bon lieu d'articulation.

CORRIGÉ - *Étude de cas 3*

Production articulatoire de l'enfant: **noir**   [mwɑr]

Modèle attendu: [nwɑr]

Processus observé: ***Antériorisation*** de /n/.

Faisceaux phonologiques en présence:

                                            /m/ : bilabiale, ~~nasale~~

                                            /n/ : apico-alvéolaire, ~~nasale~~

---

[165]Ce trait du faisceau est neutralisé puisque l'*apico-alvéolaire* /d/ est distinctivement *occlusive* uniquement par rapport à la *constrictive* /l/.

[166] Dans cet exemple, les traits *oral* et *sonore* des faisceaux ne sont pas pris en compte. Ils sont partagés par les deux phonèmes et doivent être considérés, par le fait même, non pertinents.

Traits distinctifs liés au processus: /m/ - bilabiale

/n/ - apico-alvéolaire

À considérer :   ***L'articulateur*** : La consonne /n/ est articulée avec la pointe de la langue;

Le lieu d'articulation : /n/ est articulé sur les alvéoles.

Piste d'intervention :   Bâtir la conscience phonologique de l'enfant pour l'apico-alvéolaire /n/ qui est produite avec la pointe de la langue (le bon articulateur) sur les alvéoles (le bon lieu d'articulation).

CORRIGÉ - Étude de cas 4

Productions articulatoires de l'enfant :   **huit**   [wit]

biscuit [biskwi]

huile   [wil]

Modèles attendus :   [ɥit]

[biskɥi]

[ɥil]

Processus observé: ***Postériorisation*** de /ɥ/ (dorso-palatale) ⇒ /w/ (dorso-vélaire).

Faisceaux phonologiques en présence :   /w/: dorso-vélaire, ~~constrictive~~

/ɥ/: dorso-palatale, ~~constrictive,~~ ~~labialisée~~[167]

Traits distinctifs liés au processus :   /w/ - dorso-vélaire

/ɥ/ - dorso-palatale

À considérer :   ***Le lieu d'articulation*** : La consonne /ɥ/ est articulée avec une friction sur le palais dur et la projection des

---

[167] Ce trait du faisceau est neutralisé puisque /ɥ/ est distinctivement *labialisée* uniquement par rapport à la consonne *non labialisée* /j/.

lèvres tandis que /w/ est articulée avec une friction sur le voile du palais et la projection des lèvres.

Piste d'intervention : Bâtir la conscience phonologique de l'enfant pour la constrictive /ɥ/ qui est articulée dans la région palatale, contrairement à la dorso-vélaire qui se produit avec le dos de la langue contre le palais mou.

CORRIGÉ - Étude de cas 5

Productions articulatoires de l'enfant :

chat	[sɑ]
chaud	[so]
chanter	[sãte]

Modèles attendus :

[ʃɑ]

[ʃo]

[ʃãte]

Processus observé : ***Antériorisation*** de /ʃ/.

Faisceaux phonologiques en présence :

/ʃ/ : prédorso-postalvéolaire, ~~sourde~~

/s/ : prédorso-alvéolaire, ~~sourde~~

Traits distinctifs liés au processus :

/ʃ/ - prédorso-postalvéolaire

/s/ - prédorso-alvéolaire

À considérer : **Le lieu d'articulation** : /ʃ/ est une consonne articulée derrière les alvéoles tandis que /s/ est articulée sur elles.

Piste d'intervention : Bâtir la conscience phonologique de l'enfant pour la constrictive /ʃ/ qui est produite derrière les alvéoles (le bon lieu d'articulation) en lui faisant reculer un peu l'articulateur (la langue).

CORRIGÉ - Étude de cas 6

Production articulatoire de l'enfant: **famille**   [samij]

Modèle attendu: [famij]

Processus observé: ***Postériorisation*** de /f/.

Faisceaux phonologiques en présence:

/s/ : prédorso-alvéolaire, ~~sourde~~

/f/ : labio-dentale, ~~sourde~~

Traits distinctifs liés au processus:

/s/ - prédorso-alvéolaire

/f/ - labio-dentale

À considérer :   ***L'articulateur*** : /f/ est une consonne articulée avec la lèvre inférieure ;

Le lieu d'articulation : /f/ est une consonne articulée sur les dents supérieures.

Piste d'intervention :   Bâtir la conscience phonologique de l'enfant pour la labio-dentale /f/ qui est produite avec la lèvre inférieure (le bon articulateur) sur les dents supérieures (le bon lieu d'articulation).

CORRIGÉ - Étude de cas 7

Production articulatoire de l'enfant: **souris**   [suji]

Modèle attendu: [suri]

Processus observé: ***Antériorisation*** (glide) de /r/.

Faisceaux phonologiques en présence:

/j/ : dorso-palatale, ~~constrictive~~,[168] ~~non-labialisée~~[169]

---

[168] Ce trait du faisceau est neutralisé puisque /j/ est distinctivement *constrictive* uniquement par rapport à la *nasale* /ɲ/.

[169] Ce trait du faisceau est neutralisé puisque /j/ est distinctivement *non labialisée* uniquement par rapport la consonne *labialisée* /ɥ/.

/r/ : dorso-uvulaire[170]

Traits distinctifs liés au processus :   /j/ - dorso-palatale

/r/ - dorso-uvulaire

À considérer :   ***Le lieu d'articulation*** : /r/ est une consonne articulée contre l'uvule - la luette - tandis que /j/ est articulée contre le palais.

Piste d'intervention :   Bâtir la conscience phonologique de l'enfant pour la production de la constrictive dorso-uvulaire /r/ qui s'articule à l'arrière de la cavité buccale avec le dos de la langue appuyé sur l'uvule en privilégiant des activités pouvant stimuler la constrictive dorso-uvulaire /r/ (ex : le jeu du gargarisme).

CORRIGÉ - Étude de cas 8

Production articulatoire de l'enfant : **bateau**   [bado]

Production attendue :   [bato]

Processus observé :   ***Voisement et dilation*** de /t/ sous l'influence de /b/ sonore.

Faisceaux phonologiques en présence :

/t/ - ~~apico-alvéolaire~~, sourde

/d/ - ~~apico-alvéolaire~~, ~~occlusive~~,[171] ~~orale~~,[172] sonore

---

[170] Il suffit de définir /r/ en tant que consonne *dorso-uvulaire* puisqu'elle ne s'oppose pas dans son ordre ni à une *occlusive*, ni à une *constrictive sourde*, ni à une consonne *nasale*.

[171] Ce trait du faisceau est neutralisé puisque l'*apico-alvéolaire* /d/ est distinctivement occlusive uniquement par rapport à la *constrictive* /l/.

[172] Ce trait du faisceau est neutralisé puisque l'*apico-alvéolaire* /d/ est

Traits distinctifs liés au processus :

                        /t/ - apico-alvéolaire, sourde

                        /d/ - apico-alvéolaire, sonore

À considérer :   ***La sonorité*** : /t/ est une consonne sourde, articulée sans la participation des cordes vocales.

Piste d'intervention : Bâtir la conscience phonologique de l'enfant pour l'occlusive sourde /t/ qui est produite sans la vibration des cordes vocales (les sons sourds).

CORRIGÉ - Étude de cas 9

Production articulatoire de l'enfant : **jeu**   [zø]

Modèle attendu :   [ʒø]

Processus observé :   ***Antériorisation*** de /ʒ/.

Faisceaux phonologiques en présence :

                        /z/ : prédorso-alvéolaire, ~~sonore~~

                        /ʒ/ : prédorso-postalvéolaire, ~~sonore~~

Traits distinctifs liés au processus :

                        /z/ : prédorso-alvéolaire

                        /ʒ/ : prédorso-post-alvéolaire

À considérer :   ***Le lieu d'articulation*** : /ʒ/ est une consonne prédorso-post-alvéolaire.

Piste d'intervention : Bâtir la conscience phonologique de l'enfant pour la constrictive /ʒ/ qui est produite à l'arrière des alvéoles en reculant un peu l'articulateur (la langue).

---

distinctivement *orale* uniquement par rapport à la *nasale* /n/.

CORRIGÉ - Étude de cas 10

Production articulatoire de l'enfant: **Trop gros**   [krogro]

Modèle attendu :   [trogro]

Processus observé: *Postériorisation* de /t/.

Dilation régressive du lieu d'articulation (sous l'influence de /g/) /t/ $\Rightarrow$ /k/.

Faisceaux phonologiques en présence:

/t/ : apico-alvéolaire, ~~sourde~~

/k/ : dorso-vélaire, ~~sourde~~

Traits distinctifs liés au processus:

/t/ - apico-alvéolaire

/k/ - dorso-vélaire

À considérer :   *Le lieu d'articulation* : /t/ est une consonne apico-alvéolaire.

Piste d'intervention :   Bâtir la conscience phonologique de l'enfant pour l'occlusive /t/ qui est produite avec la pointe de la langue (le bon articulateur) sur les alvéoles (le bon lieu d'articulation).

CORRIGÉ - Étude de cas 11

Production articulatoire de l'enfant: **malade**   [majad]

Modèle attendu: [malad]

Processus observé: *Postériorisation* (glide) de /l/.

Faisceaux phonologiques en présence:

/l/ : apico-alvéolaire, ~~constrictive~~

/j/ : dorso-palatale, ~~constrictive, non-labialisée~~[173]

---

[173] Ce trait du faisceau est neutralisé puisque /j/ est distinctivement *non*

Traits distinctifs liés au processus :

    /l/ - apico-alvéolaire

    /j/ - dorso-palatale

À considérer :   ***Le lieu d'articulation*** : /l/ est une consonne apico-alvéolaire.

Piste d'intervention :   Bâtir la conscience phonologique de l'enfant pour l'articulation de la constrictive apico-alvéolaire /l/ produite avec la pointe de langue sur les alvéoles.

CORRIGÉ - Étude de cas 12

Production articulatoire de l'enfant : **malade**   [manad]

Modèle attendu :   [malad]

Processus observé: ***Assimilation progressive*** de /l/ (constrictive) sous l'influence de la nasale /m/ $\Rightarrow$ /n/ (nasale).

Faisceaux phonologiques en présence :

    /l/ : ~~apico-alvéolaire~~, constrictive

    /n/ : ~~apico-alvéolaire~~, nasale

Traits distinctifs liés au processus :

    /l/ - constrictive

    /n/ - nasale

À considérer :   ***Le mode articulatoire*** : /l/ est une consonne constrictive.

Piste d'intervention :   Bâtir la conscience phonologique de l'enfant pour l'articulation de la

---

labialisée uniquement par rapport à /ɥ/ qui est *labialisée*.

constrictive apico-alvéolaire /l/ produite avec la pointe de langue sur les alvéoles.

CORRIGÉ - Étude de cas 13

Production articulatoire de l'enfant :	**genou**	[ðœnu]
	jaloux	[ðalu]
	giraffe	[ði:af]
Modèles attendus :		[ʒœnu]
		[ʒalu]
		[ʒiraf]

Processus observé: **Sigmatisme interdental** de /ʒ/ produite en tant que consonne *interdentale sonore* [ð].

Faisceaux phonologiques en présence :

/ʒ/ - prédorso-postalvéolaire, ~~sonore~~

[ð] – interdentale, ~~sonore~~[174]

Traits distinctifs liés au processus :

/ʒ/ - prédorso-post-alvéolaire

[ð] – interdentale

À considérer : *Le lieu d'articulation* : /ʒ/ est une consonne produite derrière les alvéoles.

L'articulateur : /ʒ/ est une consonne articulée avec la partie prédorsale de la langue contrairement au son [ð] qui est articulé avec l'apex entre les dents.

Piste d'intervention : Bâtir la conscience phonologique de l'enfant pour la consonne constrictive sonore /ʒ/ qui est produite derrière les alvéoles en reculant la langue.

---

[174] Ce son ne faisant pas partie de la phonologie française, il faut consulter un tableau phonétique international pour dégager les traits pertinents du son [ð].

CORRIGÉ - Étude de cas 14

Production articulatoire de l'enfant : **porte**   [kɔrt]

Modèle attendu :   [pɔrt]

Processus observé :   ***Postériorisation*** de /p/.

Faisceaux phonologiques en présence :

/k/ : dorso-vélaire, ~~sourde~~

/p/ : bilabiale, ~~sourde~~

Traits distinctifs liés au processus :

/k/ - dorso-vélaire

/p/ - bilabiale

À considérer :   ***Le lieu d'articulation*** : /p/ est une consonne bilabiale articulée sur la lèvre supérieure).

L'articulateur : /p/ est une consonne bilabiale articulée par la lèvre inférieure).

Piste d'intervention :   Bâtir la conscience phonologique de l'enfant pour l'action des lèvres dans la production de certains sons, notamment l'utilisation du bon lieu d'articulation (la lèvre supérieure) de la consonne /p/ et l'utilisation de la lèvre inférieure comme articulateur.

CORRIGÉ - Étude de cas 15

Production articulatoire de l'enfant : **porte**   [bɔrt]

Modèle attendu :   [pɔrt]

Processus observé: ***Voisement*** de /p/.

Faisceaux phonologiques en présence :

/b/ - ~~bilabiale~~, ~~orale~~,[175] sonore

---

[175] Ce trait du faisceau est neutralisé puisque la bilabiale /b/ est distinctivement *orale* uniquement par rapport à la nasale /m/.

/p/ - ~~bilabiale~~, sourde

Traits distinctifs liés au processus :

/b/ - sonore

/p/ - sourde

À considérer : **La sonorité** : /p/ est une occlusive sourde).

Piste d'intervention : Bâtir la conscience phonologique de l'enfant pour la production de consonnes sourdes comme /p/ pour lesquelles les cordes vocales ne vibrent pas (ou très peu) en français.

CORRIGÉ - *Étude de cas 16*

Production articulatoire de l'enfant : **porte** [pɔt]

Modèle attendu : [pɔrt]

Processus observé : **Syncope** : La chute de /r/ en position médiane.

Faisceau phonologique en présence : /r/ - dorso-uvulaire

Trait distinctif lié au processus : /r/ - dorso-uvulaire

À considérer : **Le lieu d'articulation** : /r/ est une consonne dorso uvulaire.

Piste d'intervention : Bâtir la conscience phonologique de l'enfant pour la production de la constrictive dorso-uvulaire /r/ qui s'articule à l'arrière de la cavité buccale avec le dos de la langue appuyé sur l'uvule en privilégiant des activités pouvant stimuler la constrictive dorso-uvulaire /r/ (ex : le jeu du gargarisme).

CORRIGÉ - *Étude de cas 17*

Production articulatoire de l'enfant: **très organisée** [trɛnɔrganize]

Modèle attendu: [trɛzɔrganize]

Processus observé: ***Frontière morphologique fautive*** :
[trɛnɔrganize] provient de l'usage identifié par l'enfant : *Je suis **bien organisé*** [bjɛ̃nɔrganize]. La mauvaise frontière de liaison produit le signifiant : [nɔrganize] avec l'intrusion de /n/ dans la production phonétique au détriment de la constrictive /z/ qui, dans la morphologie de la langue parlée lie, normalement, ***très*** et ***organisé***. Cette production va perdurer tant et aussi longtemps que l'enfant n'aura pas assimilé le fait que la liaison entre ***très*** et ***organisé*** produit [trɛzɔrganize] dans l'enchaînement des deux monèmes.

À considérer :   **La morphologie** : ***très*** et ***organisé*** sont des unités significatives minimales séparées dans la chaîne parlée unies par la liaison phonétique qui s'opère entre la consonne /z/ et la voyelle /ɔ/.

Piste d'intervention :   Bâtir la conscience morphologique de l'enfant pour les mots qui forment les phrases et qui sont des unités pouvant être identifiées séparément et pour lesquelles la liaison peut intervenir dans l'enchaînement des monèmes de la parole (voir ***bien évidemment*** [bjɛ̃nevidamɑ̃], ***très émouvant*** [trɛzemuvɑ̃], ***trop aimable*** [tropɛmabl], ***grand arbre*** [grɑ̃tarbr]).

CORRIGÉ - Étude de cas 18

Production articulatoire de l'enfant : **rouge** [uʒ]

                                                     rue [y]

Modèles attendus : [ruʒ]

                                                     [ry]

Processus observé : ***Aphérèse*** : La chute de /r/ en position initiale.

Faisceaux phonologiques en présence : /r/ - dorso-uvulaire

Trait distinctif lié au processus : /r/ - dorso-uvulaire

À considérer : ***Le lieu d'articulation*** : /r/ est une consonne dorso-uvulaire qui s'articule avec le dos de la langue appuyé sur l'uvule - la luette).

Piste d'intervention : Bâtir la conscience phonologique de l'enfant pour la production de la constrictive dorso-uvulaire /r/ qui s'articule à l'arrière de la cavité buccale avec le dos de la langue appuyé sur l'uvule en privilégiant des activités pouvant stimuler la constrictive dorso-uvulaire /r/ (ex : le jeu du gargarisme).

CORRIGÉ - Étude de cas 19

Production articulatoire de l'enfant : **rouge** [wuʒ]

Modèle attendu : [ruʒ]

Processus observé : ***Antériorisation*** (glide) de /r/.

Faisceaux phonologiques en présence :

                               /w/ - dorso-vélaire, ~~constrictive~~[176]

                               /r/ : dorso-uvulaire[177]

---

[176] Ce trait du faisceau est neutralisé puisque la *dorso-vélaire* /w/ est distinctivement *constrictive* uniquement par rapport à l'*occlusive* /g/.

[177] Il suffit de définir /r/ en tant que consonne *dorso-uvulaire* puisqu'elle ne

Traits distinctifs liés au processus :

> /w/ - dorso-vélaire
>
> /r/ - dorso-uvulaire

À considérer :

> ***Le lieu d'articulation*** : /r/ est une consonne dorso-uvulaire qui s'articule avec le dos de la langue appuyé sur l'uvule (la luette) tandis que /w/ est articulée avec une friction sur le voile du palais et la projection des lèvres.

Piste d'intervention :

> Bâtir la conscience phonologique de l'enfant pour la production de la constrictive dorso-uvulaire /r/ sonore qui s'articule à l'arrière de la cavité buccale avec le dos de la langue appuyé sur l'uvule en privilégiant des activités pouvant stimuler la constrictive dorso-uvulaire /r/ sonore (ex : le jeu du gargarisme).

CORRIGÉ - Étude de cas 20

Production articulatoire de l'enfant : **rouge** [juʒ]

Modèle attendu : [ruʒ]

Processus observé : ***Antériorisation*** (glide) de /r/.

Faisceaux phonologiques en présence :

> /j/ - dorso-palatale, ~~constrictive~~,[178] ~~non labialisée~~[179]

---

s'oppose pas dans son ordre ni à une *occlusive*, ni à une *constrictive sourde*, ni à une consonne *nasale*.

[178] Ce trait du faisceau est neutralisé puisque la *dorso-palatale* /j/ est distinctivement *constrictive* uniquement par rapport à la *dorso-palatale nasale* /ɲ/.

[179] Ce trait du faisceau est neutralisé puisque la dorso-palatale /j/ est distinctivement *non labialisée* uniquement par rapport à la *dorso-palatale labialisée* /ɥ/.

/r/ : dorso-uvulaire[180]

Traits distinctifs liés au processus :	/j/ - dorso-palatale
	/r/ - dorso-uvulaire

À considérer :

Le lieu d'articulation : /r/ est une consonne dorso-uvulaire qui s'articule avec le dos de la langue appuyé sur l'uvule - la luette - tandis que /j/ est articulée avec une friction sur le palais dur.

Piste d'intervention :

Bâtir la conscience phonologique de l'enfant pour la production de la constrictive dorso-uvulaire /r/ qui s'articule à l'arrière de la cavité buccale avec le dos de la langue appuyé sur l'uvule en privilégiant des activités pouvant stimuler la constrictive dorso-uvulaire /r/ (ex : le jeu du gargarisme).

CORRIGÉ - Étude de cas 21

Production articulatoire de l'enfant : **obstacle**   [ɔpstakl]

Modèle attendu :   [ɔpstakl][181]

Processus observé :

Assimilation régressive normale de /b/ sous l'influence de la consonne sourde /s/ (/b/ ⇒ /p/) ;

À considérer :

L'absence de sonorité est normale.

Piste d'intervention :

NE RIEN FAIRE. En français, l'assimilation régressive dans des mots comme ***obstacle*** est normale et

---

[180] Il suffit de définir /r/ en tant que consonne *dorso-uvulaire* puisqu'elle ne s'oppose pas dans son ordre ni à une *occlusive*, ni à une *constrictive sourde*, ni à une consonne *nasale*.

[181] ATTENTION à ce piège qui guette les nouveaux intervenants. Nous ne corrigeons pas cette production. Il s'agit de la réalisation phonétique attendue en français, comme en témoigne les entrées du Robert Micro (2018) : [apsãs], [apsid], [apsɛ̃t], [apsɔly], [apsɔrbe], [apstœnir], [apstraksjɔ̃] et [apsyrd].

attendue.

CORRIGÉ - Étude de cas 22

Production articulatoire de l'enfant : **six**   [ɪ̂sɪ̂s]

                                             sauter   [ɪ̂sote]

                                             chanter   [ɪ̂ʃɑ̃te]

Modèles attendus :   [sis]

                                                  [sote]

                                                [ʃɑ̃te]

Processus observé :   **Sigmatisme latéral** *(schlintement)* de /s/ et /ʃ/.

Faisceaux phonologiques en présence :

                        /s/ - prédorso-alvéolaire, ~~sourde~~

                        /ʃ/ - prédorso-postalvéolaire, ~~sourde~~

Traits distinctifs liés au processus :

                        /s/ - prédorso-alvéolaire

                        /ʃ/ - prédorso-postalvéolaire

À considérer :   **Les lieux d'articulations** : Les lieux d'articulations sont touchés par un mauvais alignement de la langue sur la voûte palatine. La langue est en parfait contact avec un côté de la bouche - elle s'appuie contre les molaires et la joue - et modifie donc l'écoulement de l'air pour ces constrictives.

                                        L'articulateur : La langue n'est pas bien alignée - en position centrale - sur la cavité buccale supérieure.

Piste d'intervention :   Bâtir la conscience articulatoire de l'enfant pour la production des constrictives /s/, /ʃ/ et /ʒ/ qui exigent l'écoulement bilatéral de l'air (des deux côtés de la langue en décollant la langue des molaires et de la joue) et le repositionnement central de la langue sur les lieux d'articulations utilisés pour la production de ces consonnes.

CORRIGÉ - *Étude de cas 23*

Production articulatoire de l'enfant : **un éléphant**   [œ̃lelefɑ̃]

Modèle attendu :   [œ̃nelefɑ̃]

Processus observé :   ***Frontière morphologique fautive :*** [œ̃lelefɑ̃] provient de l'usage identifié par l'enfant : ***C'est l'éléphant.*** [sɛlelefɑ̃]. La frontière fautive de liaison produit le signifiant : [lelefɑ̃] avec l'intrusion de /l/ dans la production phonétique au détriment de la nasale /n/ qui, dans la morphologie de la langue parlée lie, normalement, ***un*** et ***éléphant***.   [lelefɑ̃]   est l'enchaînement des deux monèmes et résulte de la fusion de [lœ] et de [elefɑ̃] par liaison avec la chute de [œ] entre les deux.

À considérer :   Les mots ***un*** et ***éléphant*** qui sont des unités significatives minimales dans la chaîne parlée unies par la liaison phonétique qui s'opère entre la consonne /n/ et la voyelle /œ/.

Piste d'intervention :   Bâtir la conscience morphologique de l'enfant pour les mots qui forment les phrases et qui peuvent être identifiées séparément et pour lesquels la liaison peut intervenir entre une consonne et une voyelle (voir ***l'enfant*** [lɑ̃fɑ̃] *vs* ***un enfant*** [œ̃nɑ̃fɑ̃], ***l'ours*** [lurs] *vs* ***un ours*** [œ̃nurs] ***l'hiver*** [livɛr] *vs* ***un hiver*** [œnivɛr] *l'action* [laksjɔ̃] *vs* **une action** [ynaksjɔ̃] *l'ombre* [lɔ̃br] *vs* **une ombre** [ynɔ̃br], *l'impatience* [lɛ̃pasjɑ̃s] *vs* **une impatience** [ynɛ̃pasjɑ̃s].

CORRIGÉ - Étude de cas 24

Productions articulatoires de l'enfant :	**préféré**	[presere]
	parfumé	[pasyme]
	enfermé	[ɑ̃sɛme]
Modèle attendu:		[prefere]
		[parfyme]
		[ɑ̃fɛrme]

Processus observé (1): **Postériorisation** de /f/.

Faisceaux phonologiques en présence :

/f/ : labio-dentale, ~~sourde~~

/s/ : prédorso-alvéolaire, ~~sourde~~

Traits distinctifs liés au processus :

/f/ - labio-dentale

/s/ - prédorso-alvéolaire

À considérer : **Le lieu d'articulation** : /f/ est une consonne labio-dentale articulée sur les dents supérieures.

L'articulateur : /f/ est une consonne labio-dentale articulée par la lèvre inférieure.

Piste d'intervention : Bâtir la conscience phonologique de l'enfant pour la production de la constrictive labio-dentale /f/ articulée par la lèvre inférieure sur les dents supérieures.

Processus observé (2) : **Syncope** : Chute de /r/ en position médiane dans les mots **parfumé** et **enfermé**. /r/ - dorso-uvulaire. Il s'agit d'une consonne partiellement intégrée (voir ***préféré***) par l'enfant.

Faisceaux phonologiques en présence :	/r/ - dorso-uvulaire
Traits distinctifs liés au processus :	/r/ - dorso-uvulaire

À considérer : **Le lieu d'articulation** : /r/ est une consonne dorso-uvulaire qui s'articule avec le dos de la langue appuyé sur l'uvule - la luette.

Piste d'intervention : Bâtir la conscience phonologique de l'enfant pour la production de la constrictive dorso-uvulaire /r/ qui s'articule à l'arrière de la cavité buccale avec le dos de la langue appuyé sur l'uvule en privilégiant des activités pouvant stimuler la constrictive dorso-uvulaire /r/ (ex : le jeu du gargarisme).

CORRIGÉ - Étude de cas 25

Productions articulatoires de l'enfant : **de moi**   [tœmwa]

Modèle attendu :   [dœmwa]

Processus observé : ***Dévoisement*** de /d/.

Faisceaux phonologiques en présence :

/t/ - ~~apico-alvéolaire~~, sourde

/d/ - ~~apico-alvéolaire~~, sonore

Traits distinctifs liés au processus :   /t/ - sourde

/d/ - sonore

À considérer : ***La sonorité*** : /d/ est une consonne apico-alvéolaire articulée avec la participation des cordes vocales.

Piste d'intervention : Bâtir la conscience phonologique de l'enfant pour la production des phonèmes sonores qui impliquent la vibration des cordes vocales.

CORRIGÉ - Étude de cas 26

Productions articulatoires de l'enfant : **notre bébé**   [nɔdbebe]

Modèle attendu :   [nɔtrbebe]

Processus observé (1) :   ***Voisement*** et ***assimilation*** *de* /t/ sous l'influence de /b/ - au contact - ⇒ /d/.

Faisceaux phonologiques en présence :

/d/ - ~~apico-alvéolaire~~, sonore

/t/ - ~~apico-alvéolaire~~, sourde

Traits distinctifs liés au processus :

/d/ - sonore

/t/ - sourde

À considérer :   ***La sonorité*** : /t/ est une consonne apico-alvéolaire sourde articulée sans la participation des cordes vocales.

Piste d'intervention :   Bâtir la conscience phonologique de l'enfant pour la production des phonèmes sourds qui n'impliquent pas la vibration des cordes vocales.

Processus observé (2) :   ***Syncope*** : Chute de /r/ en position médiane. La consonne n'est peut-être pas intégrée par l'enfant.

Faisceaux phonologiques en présence :   /r/ - dorso-uvulaire

Trait distinctif lié au processus :   /r/ - dorso-uvulaire

À considérer :   ***Le lieu d'articulation*** : /r/ est une consonne dorso-uvulaire qui s'articule avec le dos de la langue appuyé sur l'uvule - la luette. La chute de /r/ dans cette position est normale chez le locuteur adulte.

Piste d'intervention :   Bâtir la conscience phonologique de l'enfant pour la production de la constrictive dorso-uvulaire /r/ qui s'articule à l'arrière de la cavité buccale avec le dos de la langue appuyé sur l'uvule en privilégiant des activités pouvant stimuler la constrictive dorso-uvulaire /r/ (ex : le jeu du gargarisme).

CORRIGÉ - Étude de cas 27

Productions articulatoires de l'enfant: **jus**   [ʃy]

                                                          grange   [grɑ̃ʃ]

                                                          toujours   [tuʃur]

Modèles attendus :   [ʒy]

                                                            [grɑ̃ʒ]

                                                            [tuʒur]

Processus observé :   ***Dévoisement*** de /ʒ/ dans toutes les positions (initiales, médiane, finale) malgré les environnements sonores en contact avec les phonèmes /y/, /ɑ̃/, et /u/.[182]

Faisceaux phonologiques en présence :

                    /ʃ/ - ~~prédorso-post-alvéolaires~~, sourde

                    /ʒ/ - ~~prédorso-post-alvéolaires~~, sonore

Traits distinctifs liés au processus :   /ʃ/ - sourde

                                              /ʒ/ - sonore

À considérer :   ***La sonorité*** : /ʒ/ est une consonne prédorso-post-alvéolaires articulée avec la participation des cordes vocales.

Piste d'intervention :   Bâtir la conscience phonologique de

---

[182] Ces trois exemples démontrent que les processus phonologiques sont parfois difficiles à cerner comme prévisibles dans des environnements qui ne semblent pas conditionner l'apparition du dévoisement. Dans cette étude de cas, c'est bien le lieu d'articulation qui nous permet de dire qu'il y a une certaine prévisibilité dans le dévoisement de /ʒ/. L'apparition de /ʃ/ est observée dans ce processus en raison du fait que les deux phonèmes /ʃ/ et /ʒ/ sont apparentés, soit prédorso-post-alvéolaires.

l'enfant pour la production des phonèmes sonores qui impliquent la vibration des cordes vocales.

CORRIGÉ - *Étude de cas 28*

Productions articulatoires de l'enfant :	**veste**	[fɛst]
	chèvre	[ʃɛf]
Modèle attendu :		[vɛst]
		[ʃɛvr]

Processus observé (1) : ***Dévoisement*** et ***dilation régressive*** de /v/ sous l'influence de /s/ - à distance - ⇒ /f/ dans le cas de ***veste***;

Processus observé (2) : ***Dévoisement*** et ***dilation progressive*** de /v/ sous l'influence de /ʃ/ - à distance - ⇒ /f/ dans le cas de ***chèvre***.

Faisceaux phonologiques en présence (cas 1 et 2) :

/f/ - ~~labio-dentale~~, sourde

/v/ - ~~labio-dentale~~, sonore

Traits distinctifs liés aux processus (1 et 2) : /f/ - sourde

/v/ - sonore

À considérer : **La sonorité** : /v/ est une consonne labio-dentale sonore articulée avec la participation des cordes vocales.

Piste d'intervention : 1) Bâtir la conscience phonologique de l'enfant pour la production des phonèmes sonores qui impliquent la vibration des cordes vocales.

Processus observé (3) : ***Syncope*** : Chute de /r/ en position finale. La consonne n'est peut-être pas intégrée par l'enfant.

Faisceaux phonologiques en présence : /r/ - dorso-uvulaire

Trait distinctif lié au processus : /r/ - dorso-uvulaire

À considérer : ***Le lieu d'articulation*** : /r/ est une consonne dorso-uvulaire qui s'articule avec le dos de la langue appuyé sur l'uvule - la luette -. La chute de /r/ dans cette position est normale chez le locuteur adulte.

Piste d'intervention : 2) Bâtir la conscience phonologique de l'enfant pour la production de la constrictive dorso-uvulaire /r/ qui s'articule à l'arrière de la cavité buccale avec le dos de la langue appuyé sur l'uvule en privilégiant des activités pouvant stimuler la constrictive dorso-uvulaire /r/ (ex : le jeu du gargarisme).

CORRIGÉ - Étude de cas 29

Productions articulatoires de l'enfant : **premier** [krœmje]

prendre [krãd]

petit [kœti]

Modèles attendus : [prœmje]

[prãd]

[pœti]

Processus observé : ***Postériorisation*** de /p/.

Faisceaux phonologiques en présence :

/k/ - dorso-vélaire, ~~sourde~~

/p/ - bilabiale, ~~sourde~~

Traits distinctifs liés au processus : /k/ - dorso-vélaire

/p/ - bilabiale

À considérer : **Le lieu d'articulation** : /p/ est une consonne bilabiale articulée sur la lèvre supérieure.

L'articulateur : /p/ est une consonne bilabiale articulée avec la lèvre inférieure.

Piste d'intervention : Bâtir la conscience phonologique de l'enfant pour l'action des lèvres dans la production de certains sons, notamment l'utilisation du bon lieu d'articulation (la lèvre supérieure) de la consonne /p/ et l'utilisation de la lèvre inférieure comme articulateur.

CORRIGÉ - *Étude de cas 30*

Productions articulatoires de l'enfant : **ballon** [palõ]

donner [tɔne]

garder [karte]

bibliothèque [pipiɔtɛk]

Modèles attendus : [balõ]

[dɔne]

[garde]

[bibliɔtɛk]

Processus observé (1) : **Dévoisement** de /b/, /d/, et /g/.

Faisceaux phonologiques en présence :

/p/ - ~~bilabiale~~, sourde

/b/ - ~~bilabiale~~, sonore

/t/ - ~~apico-alvéolaire~~, sourde

/d/ - ~~apico-alvéolaire~~, sonore

/k/ - ~~dorso-vélaire~~, sourde

/g/ - ~~dorso-vélaire~~, sonore

Traits distinctifs liés au processus : /p, t, k/ sourdes

/b, d, g/ sonores

À considérer : **La sonorité :** /b, d, g/ sont des occlusives articulées avec la participation des cordes vocales.

Piste d'intervention : Bâtir la conscience phonologique de l'enfant pour la production des phonèmes sonores qui impliquent la vibration des cordes vocales.

Processus observé (2) : **Syncope** : Chute de /l/ en position médiane dans le mot **bibliothèque**.

La consonne n'est peut-être pas intégrée par l'enfant.

Faisceau phonologique en présence :

/l/ - apico-alvéolaire, constrictive

Traits distinctifs liés au processus :

/l/ - apico-alvéolaire, constrictive

À considérer :

/l/ est une consonne constrictive apico-alvéolaire produite avec un écoulement de l'air sur les deux faces latérales de la langue.

Piste d'intervention :

Bâtir la conscience phonologique de l'enfant pour la production de la constrictive apico-alvéolaire /l/ qui s'articule avec un écoulement latéral de l'air dans la cavité buccale en privilégiant des activités pouvant stimuler la constrictive apico-alvéolaire /l/ (ex : la technique du bombardement chanté avec l'enfant pour le logatome[183] [lalalalala]).

CORRIGÉ - Étude de cas 31

Productions articulatoires de l'enfant: **maintenant** [mɛna]

important [ɛpɔta]

Modèles attendus : [mɛ̃tnɑ̃]

[ɛ̃pɔrtɑ̃]

Processus observé (1) : ***Dénasalisation*** de /ɛ̃/ et /ɑ̃/.

Faisceaux phonologiques en présence :

/ɛ/ - orale, ~~mi-ouverte~~,[184] ~~non~~

---

[183] Ici le terme *logatome* signifie une séquence de phonèmes qui n'a pas nécessairement de signification. Le logatome se construit avec des syllabes servant d'exercice articulatoire et de stimulation du langage.

[184] Ce trait du faisceau est neutralisé puisque la voyelle /ɛ/ est distinctivement *mi-ouverte* uniquement par rapport aux voyelles orales antérieures non arrondies (/i, e, a/) qui sont *fermée, mi-fermée* et *ouverte*.

~~arrondie~~

/ɛ̃/ - ~~non arrondie~~, nasale

/a/ - antérieure, ~~ouverte~~[185]

/ɑ̃/ - nasale, ~~ouverte~~

Traits distinctifs liés au processus :

/ɛ/ - orale

/ɛ̃/ - nasale

/a/ - antérieure

/ɑ̃/ - nasale

À considérer : **Le mode articulatoire** : /ɛ̃/ et /ɑ̃/ sont des voyelles nasales articulées avec le voile du palais baissé leur donnant le trait distinctif de la nasalité qui les caractérise.

Piste d'intervention : Bâtir la conscience phonologique de l'enfant pour la production des voyelles nasales pour lesquelles le voile du palais se détache de la paroi pharyngale.

Processus observé (2) : **Antériorisation** de /ɑ̃/.

Faisceaux phonologiques en présence: /a/ - antérieure, ~~ouverte~~

/ɑ̃/ - nasale, ~~ouverte~~

Traits distinctifs liés au processus: /a/ - antérieure

/ɑ̃/ - nasale

À considérer : **Le mode articulatoire** : /ɑ̃/ est une voyelle nasale articulée avec le voile du palais détaché de la paroi pharyngale donnant le trait distinctif de la nasalité qui la caractérise, tandis que /a/ est une voyelle orale antérieure pour laquelle la luette est appuyée contre la paroi pharyngale

---

[185] Le trait *oral* n'est pas pris en compte pour la voyelle /a/ puisque celle-ci n'a pas de contrepartie *nasale, antérieure* et *non arrondie*.

	empêchant l'air de passer par les fosses nasales.
Piste d'intervention :	Bâtir la conscience phonologique de l'enfant pour la production de la voyelle nasale postérieure non arrondie pour laquelle le voile du palais se détache de la paroi pharyngale.
Processus observé (3) :	***Syncope*** : Chute de /t/ en position médiane dans ***maintenant***.

Faisceau phonologique en présence: /t/ : apico-alvéolaire, sourde

Traits distinctifs liés au processus: /t/ : apico-alvéolaire, sourde

À considérer :	La consonne apico-alvéolaire sourde est partiellement intégrée par l'enfant, comme en témoigne le monème ***important*** [ɛpɔta].
Piste d'intervention :	Renforcer la conscience phonologique de l'enfant pour la production de la consonne apico-alvéolaire dont l'articulateur (la point de la langue) s'appuie sur les alvéoles (le point d'articulation) et pour laquelle les cordes vocales ne vibrent pas.
Processus observé (4):	***Syncope*** : Chute de /r/ en position médiane dans ***important***.

Faisceau phonologique en présence : /r/ - dorso-uvulaire

Trait distinctif lié au processus :   /r/ : dorso-uvulaire

À considérer :	La consonne dorso-uvulaire n'est pas intégrée par l'enfant dans sa production de ***important*** [ɛpɔta].
Piste d'intervention :	Bâtir la conscience phonologique de l'enfant pour la production de la constrictive dorso-uvulaire /r/ qui s'articule à l'arrière de la cavité buccale avec le dos de la langue

appuyé sur l'uvule en privilégiant des activités pouvant stimuler la constrictive dorso-uvulaire /r/ (ex : le jeu du gargarisme).

CORRIGÉ - Étude de cas 32

Productions articulatoires de l'enfant : **faire ça**   [fɛsɑ]

Modèle attendu :   [fɛrsɑ]

Processus observé :   ***Syncope*** : Chute de /r/ en position finale dans *faire*.

Faisceau phonologique en présence : /r/ - dorso-uvulaire

Trait distinctif lié au processus :   /r/ - dorso-uvulaire

À considérer :   ***Le lieu d'articulation*** : /r/ est une consonne dorso-uvulaire articulée sur l'uvule - la luette -.

L'articulateur : /r/ est une consonne constrictive dorso-uvulaire articulée avec le dos de la langue).

Piste d'intervention :   Bâtir la conscience phonologique de l'enfant pour la production de la constrictive dorso-uvulaire /r/ qui s'articule à l'arrière de la cavité buccale avec le dos de la langue appuyé sur l'uvule en privilégiant des activités pouvant stimuler la constrictive dorso-uvulaire /r/ (ex : le jeu du gargarisme).

CORRIGÉ - Étude de cas 33

Productions articulatoires de l'enfant : **vouloir**   [vuwɑ]

    falloir   [fawɑ]

    jour   [ʒu]

    dire   [di]

Modèle attendu :   [vulwɑr]
[falwɑr]

[ʒur]

[dir]

Processus observé (1) :	**_Apocope_** : Chute de /l/ en position médiane dans **_vouloir_** et **_falloir_**.

Faisceau phonologique en présence : /l/ - apico-alvéolaire

Trait distinctif lié au processus :   /l/ - apico-alvéolaire

À considérer :	**_Le lieu d'articulation_** : La consonne /l/ est articulée sur les alvéoles avec un écoulement de l'air sur les deux faces latérales de la langue.
	L'articulateur : La consonne /l/ est une consonne articulée avec la pointe de la langue sur les alvéoles.
Piste d'intervention :	Bâtir la conscience phonologique de l'enfant pour la production de la constrictive apico-alvéolaire /l/ qui s'articule avec un écoulement latéral de l'air dans la cavité buccale en privilégiant des activités pouvant stimuler l'articulation de la consonne (ex : la technique du bombardement chanté avec l'enfant pour le logatome [lalalalala]).
Processus observé (2) :	**Apocope** : Chute de /r/ en position finale dans **_jour_**.

Faisceaux phonologiques en présence :   /r/ - dorso-uvulaire

Trait distinctif lié au processus :   /r/ - dorso-uvulaire

À considérer :	**_Le lieu d'articulation_** : /r/ est une consonne dorso-uvulaire articulée avec une friction de l'air sur l'uvule - la luette.
	L'articulateur : /r/ est une consonne dorso-uvulaire articulée avec le dos de la langue.
Piste d'intervention :	Bâtir la conscience phonologique de l'enfant pour la production de la

constrictive dorso-uvulaire /r/ qui s'articule à l'arrière de la cavité buccale avec le dos de la langue appuyé sur l'uvule en privilégiant des activités pouvant stimuler la constrictive dorso-uvulaire /r/ (ex : le jeu du gargarisme).

CORRIGÉ - Étude de cas 34

Productions articulatoires de l'enfant:	**bulles**	[pyl]
	balles	[pal]
Modèle attendu :		[byl]
		[bal]

Processus observé :   ***Dévoisement*** de la bilabiale /b/.

Faisceaux phonologiques en présence :	/p/ - ~~bilabiale~~, sourde
	/b/ - ~~bilabiale~~, sonore
Traits distinctifs liés au processus :	/p/ - sourde
	/b/ - sonore

À considérer :   ***La sonorité*** : /b/ est une occlusive articulée avec la participation des cordes vocales.

Piste d'intervention :   Bâtir la conscience phonologique de l'enfant pour la production des phonèmes sonores qui impliquent la vibration des cordes vocales.

CORRIGÉ - Étude de cas 35

Productions articulatoires de l'enfant:

	figure [figyr] et [fygyr] [186]
Modèle attendu :	[figyr]
	[minyt]

Processus observé:	**Libre fluctuation** des phonèmes /i/ et /y/ comprenant la ***dilation*** - à distance - de la voyelle /i/ non-arrondie sous l'influence de la voyelle /y/ arrondie.

Faisceaux phonologiques en présence :

> /i/ - ~~fermée~~, non-arrondie
>
> /y/ - ~~fermée~~, ~~antérieure~~,[187] arrondie

Traits distinctifs liés au processus :	/i/ - non-arrondie
	/y/ - arrondie

À considérer :	***La résonance labiale*** **:** /i/ est une voyelle fermée qui s'articule avec les lèvres non-arrondies.
Piste d'intervention :	Bâtir la conscience phonologique de l'enfant pour la production des voyelles qui sont produites sans l'arrondissement des lèvres.

CORRIGÉ - Étude de cas 36

Productions articulatoires de l'enfant:	**grand**	[krã]
	figure	[fikyr]
Modèle attendu :		[grã]
		[figyr]
Processus observé:	**Dévoisement** de /g/.	

Faisceaux phonologiques en présence :

---

[186] L'enfant alterne (fluctue) librement entre /i/ et /y/ pour ***figure*** et ***minute***.

[187] Ce trait du faisceau est neutralisé puisque /y/ est distinctivement *antérieure* uniquement par rapport à la voyelle *postérieure* /u/.

/k/ - ~~dorso-vélaire~~, sourde

/g/ - ~~dorso-vélaire~~,
~~occlusive~~[188], sonore

Traits distinctifs liés au processus : /k/ - sourde

/g/ - sonore

À considérer : **La sonorité** : /g/ est une occlusive articulée avec la participation des cordes vocales.

Piste d'intervention : Bâtir la conscience phonologique de l'enfant pour la production des phonèmes sonores qui impliquent la vibration des cordes vocales.

CORRIGÉ - Étude de cas 37

Productions articulatoires de l'enfant : **carton** [kartrɔ̃]

Modèle attendu : [kartɔ̃]

Processus observé : **Intrusion** du phonème /r/ dans **carton** : la dorso-uvulaire /r/ redouble la première occurrence du même phonème dans le mot. Par contre, il ne s'agit pas d'une assimilation phonologique puisque la deuxième occurrence dans le mot ne remplace pas une autre consonne dans la même position.

Faisceau phonologique en présence : /r/ - dorso-uvulaire

Trait distinctif lié au processus : /r/ - dorso-uvulaire

À considérer : **Le lieu d'articulation** : /r/ est une consonne dorso-uvulaire articulée sur l'uvule - la luette.

L'articulateur : /r/ est une consonne constrictive articulée avec le dos de la langue.

---

[188] Ce trait du faisceau est neutralisé puisque la dorso-vélaire /g/ est distinctivement *occlusive* uniquement par rapport à la *constrictive* /w/.

<table>
<tr><td>Piste d'intervention :</td><td>Bâtir la conscience morphologique de l'enfant pour le mot *carton* qui n'a qu'une seule occurrence de la dorso-uvulaire (dans la première syllabe).</td></tr>
</table>

CORRIGÉ - *Étude de cas 38*

<table>
<tr><td>Productions articulatoires de l'enfant :</td><td>**Suzanne**</td><td>[θyθan]</td></tr>
<tr><td></td><td>**sur**</td><td>[θyr]</td></tr>
<tr><td></td><td>**bus**</td><td>[byθ]</td></tr>
<tr><td></td><td>**serpent**</td><td>[θɛrpã]</td></tr>
<tr><td></td><td>**pissenlit**</td><td>[piθãli]</td></tr>
<tr><td></td><td>**cassé**</td><td>[kɑθe]</td></tr>
<tr><td></td><td>**bouche**</td><td>[buθ]</td></tr>
<tr><td>Modèles attendus :</td><td></td><td>[syzan]</td></tr>
<tr><td></td><td></td><td>[syr]</td></tr>
<tr><td></td><td></td><td>[bys]</td></tr>
<tr><td></td><td></td><td>[sɛrpã]</td></tr>
<tr><td></td><td></td><td>[pisãli]</td></tr>
<tr><td></td><td></td><td>[kɑse]</td></tr>
<tr><td></td><td></td><td>[buʃ]</td></tr>
<tr><td>Processus observé (1) :</td><td colspan="2">*Antériorisation* de /s/, /z/ et /ʃ/. Ces trois consonnes sont réalisées par l'enfant avec la langue entre les dents en tant que [θ] qui est une interdentale sourde. /s/, /z/ et /ʃ/ sont produites en tant que [θ]. Le son [θ] est donc une réalisation particulière - un allophone - articulatoire des phonèmes /s/, /z/ et /ʃ/.</td></tr>
<tr><td>Processus observé (2) :</td><td colspan="2">**Dévoisement** de /z/ dans *Suzanne*.</td></tr>
<tr><td>Faisceaux phonologiques en présence (1) :</td><td colspan="2">/s/ - prédorso-alvéolaire, ~~sourd~~</td></tr>
<tr><td></td><td colspan="2">/z/ - prédorso-alvéolaire, sonore</td></tr>
</table>

/ʃ/ - prédorso-post-alvéolaire, ~~sourd~~

[θ] - interdental ~~sourd~~

Traits distinctifs liés au processus (1) :

/s/ - prédorso-alvéolaire

/z/ - prédorso-alvéolaire, sonore

/ʃ/ - prédorso-post-alvéolaire

[θ] - interdental sourd

À considérer :

Le lieu d'articulation : les phonèmes /s/ et /z/ sont articulés sur les alvéoles et le phonème /ʃ/ est articulé immédiatement derrières celles-ci. Le son [θ] est articulé avec la pointe de la langue entre les dents.

L'articulateur : /s/, /z/ et /ʃ/ sont des phonèmes articulés par la partie prédorsale de la langue, tandis que le son [θ] est articulé avec la pointe de la langue.

Piste d'intervention :

Bâtir la conscience phonologique de l'enfant pour la production des constrictives /s/, /z/ (sur les alvéoles) et /ʃ/ (derrière les alvéoles) de la cavité buccale en utilisant la région prédorsale de la langue comme articulateur (qui ne sort pas de la bouche lors de la réalisation de toutes les consonnes du français).

Processus observé (2) :

Dévoisement de /z/ dans ***Suzanne***.

Faisceaux phonologiques en présence :

/z/ - prédorso-alvéolaire, sonore

[θ] - interdental sourd

Traits distinctifs liés au processus :

/z/ - prédorso-alvéolaire, sonore

[θ] - interdental sourd

À considérer :	**Le lieu d'articulation** : /z/ est articulé sur les alvéoles. Le son [θ] est articulé avec la pointe de la langue entre les dents.

À considérer :

Le lieu d'articulation : /z/ est articulé sur les alvéoles. Le son [θ] est articulé avec la pointe de la langue entre les dents.

L'articulateur : /z/ est articulé par la partie prédorsale de la langue, tandis que le son [θ] est articulé avec la pointe de la langue.

La sonorité : /z/ est une consonne produite avec l'aide des cordes vocales qui vibrent,

tandis que le son [θ] est produit sans la participation de celles-ci.

Piste d'intervention :

Bâtir la conscience phonologique de l'enfant pour la production de la constrictive /z/ qui fait appel aux cordes vocales en tant que phonème sonore.

CORRIGÉ - *Étude de cas 39*

Productions articulatoires de l'enfant : **rond**   [wɔ̃]

robe rouge   [wɔbwuʒ]

Modèles attendus :   [rɔ̃]

[rɔbruʒ]

Processus observé :   **Antériorisation** (glide) de /r/.

Faisceaux phonologiques en présence :

/w/ : dorso-vélaire, ~~constrictive~~[189]

/r/ : dorso-uvulaire[190]

Traits distinctifs liés au processus :

/w/ - dorso-vélaire

---

[189] Ce trait du faisceau est neutralisé puisque /w/ est distinctivement *constrictive* uniquement par rapport à l'*occlusive* /g/.

[190] Il suffit de définir /r/ en tant que consonne dorso-uvulaire puisqu'elle ne s'oppose pas dans son ordre ni à une occlusive, ni à une constrictive sourde, ni à une consonne nasale.

	/r/ - dorso-uvulaire

À considérer : **Le lieu d'articulation** : /r/ est une consonne dorso-uvulaire qui s'articule avec le dos de la langue appuyé sur l'uvule - la luette -, tandis que /w/ est articulée avec une friction sur le voile du palais et la projection des lèvres.

Piste d'intervention : Bâtir la conscience phonologique de l'enfant pour la production de la constrictive dorso-uvulaire /r/ qui s'articule à l'arrière de la cavité buccale avec le dos de la langue appuyé sur l'uvule en privilégiant des activités pouvant stimuler la constrictive dorso-uvulaire /r/ (ex : le jeu du gargarisme).

CORRIGÉ - Étude de cas 40

Productions articulatoires de l'enfant :   **table**   [t̪ab]

    doux   [d̪u]

Modèles attendus :   [tabl]

    [du]

Processus observé : ***Sigmatisme addental*** : La langue s'appuie sur les dents supérieures pour les phonèmes apico-alvéolaires /t, d/.

Faisceaux phonologiques en présence :

    /t/: apico-alvéolaire, ~~sourde~~

    [t̪]: apico-dentale, ~~sourde~~

    /d/: apico-alvéolaire, ~~occlusive~~, ~~orale~~, ~~sonore~~

    [d̪]: apico-dentale, ~~occlusive~~ , ~~orale~~ , ~~sonore~~

Traits distinctifs liés au processus :

/t/ : apico-alvéolaire

[t̪]: apico-dentale

/d/ : apico-alvéolaire

[d̪] : apico-dentale

À considérer:	***Le lieu d'articulation*** : Les phonèmes /t, d/ sont des consonnes apico-alvéolaires qui s'articulent avec l'apex - la pointe de la langue - appuyé sur les alvéoles de la cavité buccale tandis que les sons particuliers - les allophones ([t̪] et [d̪]) sont articulés avec la pointe de la langue appuyée sur les dents supérieures.
Piste d'intervention:	Bâtir la conscience phonologique de l'enfant pour la production des apico-alvéolaires /t, d/ en utilisant les alvéoles comme lieu d'articulation et en reculant la langue dans la cavité buccale.

CORRIGÉ - Étude de cas 41

Productions articulatoires de l'enfant: **psychologue** [spikɔlɔg]

Modèles attendus:	[psikɔlɔg]
Processus observé :	***Interversion*** de /s/ et /p/ dans ***psychologue***.

Faisceaux phonologiques en présence :

/s/ - prédorso-alvéolaire, ~~sourde~~

/p/ - bilabiale, ~~sourde~~.

Traits distinctifs liés au processus :

/s/ - prédorso-alvéolaire

/p/ - bilabiale

À considérer :	Les phonèmes sont intégrés par l'enfant mais n'apparaissent pas dans l'ordre attendu.

Piste d'intervention :   Bâtir la conscience phonologique de l'enfant pour le séquençage phonologique, c'est-à-dire l'ordre des phonèmes dans la chaîne parlée.

CORRIGÉ - *Étude de cas 42*

Productions articulatoires de l'enfant :   **facilite** [falisit]

Modèles attendus   **facilite** [fasilit]

Processus observé :   **Métathèses** : Interversion des sons /l/ et /s/ - à distance - dans *facilite*.

Faisceaux phonologiques en présence :

/l/ : apico-alvéolaire, ~~constrictive~~[191]

/s/ - prédorso-alvéolaire, sourde

Traits distinctifs liés au processus :

/l/ : apico-alvéolaire

/s/ - prédorso-alvéolaire, sourde

À considérer :   Les phonèmes sont intégrés par l'enfant mais n'apparaissent pas dans l'ordre attendu.

Piste d'intervention :   Bâtir la conscience phonologique de l'enfant pour le séquençage phonologique, c'est-à-dire l'ordre des phonèmes dans la chaîne parlée.

CORRIGÉ - *Étude de cas 43*

Productions articulatoires de l'enfant : **corridor**   [kɔlidɔr]

Modèle attendu :   [kɔridɔr]

Processus observé :   **Antériorisation** de /r/.

Faisceaux phonologiques en présence :

---

[191] Ce trait du faisceau est neutralisé puisque l'apico-alvéolaire /l/ est distinctivement *constrictive* uniquement par rapport à l'*occlusive* /d/ et la *nasale* /n/. Quant à lui, le trait *sonore* n'est pas pertinent pour /l/ puisque la consonne n'a pas de contrepartie *constrictive sourde*.

/r/ : dorso-uvulaire[192]

/l/ : apico-alvéolaire, ~~constrictive~~

Traits distinctifs liés au processus : /r/ - dorso uvulaire

/l/ : apico-alvéolaire

À considérer : ***Le lieu d'articulation*** : /r/ est une consonne dorso-uvulaire articulée avec une friction de l'air sur l'uvule - la luette - tandis que /l/ est une consonne articulée sur les alvéoles avec un écoulement de l'air sur les deux faces latérales de la langue.

L'articulateur : /r/ est une consonne dorso-uvulaire articulée avec le dos de la langue tandis que /l/ est une consonne apico-alvéolaire articulée avec l'apex.

Piste d'intervention : Bâtir la conscience phonologique de l'enfant pour la production de la dorso-uvulaire /r/ qui s'articule à l'arrière de la cavité buccale avec le dos de la langue appuyé sur l'uvule en privilégiant des activités pouvant stimuler la dorso-uvulaire /r/ (ex : le jeu du gargarisme).

CORRIGÉ - *Étude de cas 44*

Production articulatoire de l'enfant : ***bateau -***   [bapo]

Modèle attendu :   [bato]

Processus observé: ***Antériorisation*** de /t/.

Dilation progressive de /t/ (sous l'influence de /b/) $\Rightarrow$ /p/.

---

[192] Il suffit de définir /r/ en tant que consonne dorso-uvulaire puisqu'elle ne s'oppose pas dans son ordre ni à une occlusive, ni à une constrictive sourde, ni à une consonne nasale.

Faisceaux phonologiques en présence :

/t/ : apico-alvéolaire, ~~sourde~~

/p/ : bilabiale, ~~sourde~~

Traits distinctifs liés au processus :   /t/ - apico-alvéolaire

/p/ - bilabiale

À considérer :   **L'articulateur** : /t/ est articulé avec la pointe de la langue;

Le lieu d'articulation : /t/ est une consonne articulée sur les alvéoles.

Piste d'intervention :   Bâtir la conscience phonologique de l'enfant pour l'occlusive /t/ qui est produite avec la pointe de la langue (le bon articulateur) sur les alvéoles (le bon lieu d'articulation).

CORRIGÉ - *Étude de cas 45*

Productions articulatoires de l'enfant : **télévision**   [tevelizjɔ̃]

Modèle attendu :   [televizjɔ̃]

Processus observé :   **Métathèse** : Interversion de /l/ et /v/ à distance.

Faisceaux phonologiques en présence :

/l/ : apico-alvéolaire, ~~constrictive~~[193]

/v/ : labio-dentale, ~~sonore~~[194]

Traits distinctifs liés au processus :

/l/ : apico-alvéolaire

/v/ : labio-dentale

À considérer :   Les deux phonèmes sont intégrés par l'enfant mais n'apparaissent pas dans l'ordre attendu.

Piste d'intervention :   Bâtir la conscience phonologique de

---

[193] Ici, le trait *sonore* n'est pas pertinent puisque la consonne /l/ n'a pas de contrepartie *constrictive sourde*.

[194] Ici, ce trait du faisceau est neutralisé puisque la *labio-dentale sonore* /v/ est distinctivement sonore par rapport à la *labio-dentale sourde* /f/.

l'enfant pour le séquençage phonologique, c'est-à-dire l'ordre des phonèmes dans la chaîne parlée.

CORRIGÉ - Étude de cas 46

Productions articulatoires de l'enfant : **merveilleux** [mɛvrɛjø]

Modèles attendus: [mɛrvɛjø]

Processus observé : ***Interversion*** de /r/ et /v/.

Faisceau phonologique en présence :

/r/ : dorso-uvulaire[195]

/v/ : labio-dentale, ~~sonore~~[196]

Traits distinctifs liés au processus :

/r/ : dorso-uvulaire

/v/ : labio-dentale

À considérer : Les deux phonèmes sont intégrés par l'enfant mais n'apparaissent pas dans l'ordre attendu.

Piste d'intervention : Bâtir la conscience phonologique de l'enfant pour le séquençage phonologique, c'est-à-dire l'ordre des phonèmes dans la chaîne parlée.

---

[195] Il suffit de définir /r/ en tant que consonne dorso-uvulaire puisqu'elle ne s'oppose pas dans son ordre ni à une occlusive, ni à une constrictive sourde, ni à une consonne nasale.

[196] Ici, ce trait du faisceau est neutralisé puisque la *labio-dentale sonore* /v/ est distinctivement *sonore* par rapport à la *labio-dentale sourde* /f/.

Annexe 1

Le développement phonétique de BOWEN (2007 : 11) :

Les sons en symboles phonétiques	L'âge d'acquisition
[p] [b] [t] [d] [m] [n]	18 mois
[k] [g] [ɲ] [f] [v] [s] [z] [l] [j] [w]	3 ans
[R] et [r]* [ʃ] [ʒ] [ɥ]	5 ans

*BOWEN indique 2 réalisations pour le phonème /r/ mais ne dit pas pourquoi. D'après les symboles utilisés, elle suggère une différence phonologique entre le son dorso-uvulaire et le son *apico-alvéolaire*. Selon elle, son tableau *présente l'âge où les sons sont habituellement utilisés par les enfants. Ces âges sont approximatifs et il n'y a pas lieu de s'inquiéter devant un enfant qui présente un retard de quelques mois.*

Le développement phonologique de SANDER (1972 : 62) :

Les consonnes	L'âge d'acquisition
/p/ /b/ /t] /d] /m/ /n/	18 mois
/k/ /g/ /ɲ/* /f/ /v/ /s/ /z/ /l/	3 ans
/r/ /ʃ/ /ʒ/**	5 ans

*Symbole /gn/ et **Symbole /j/ dans K. MARTIN (2009 :20). **/j/ /w/ et /ɥ/** ne figurent pas dans l'inventaire présenté. L'auteur dit que *la plupart des enfants maîtrisent tous les phonèmes vers l'âge de cinq ans. Ils apprennent d'abord les sons les plus faciles auxquels s'ajoutent de nouveaux sons plus difficiles à mesure qu'ils grandissent. Son tableau présente l'âge moyen auquel la plupart des enfants peuvent prononcer chaque consonne.*[197]

---

[197] Le tableau de K. MARTIN (2009) est tiré de SANDER (1972 : 62).

Le développement phonologique de RONDAL (2003 : 69)[198] :

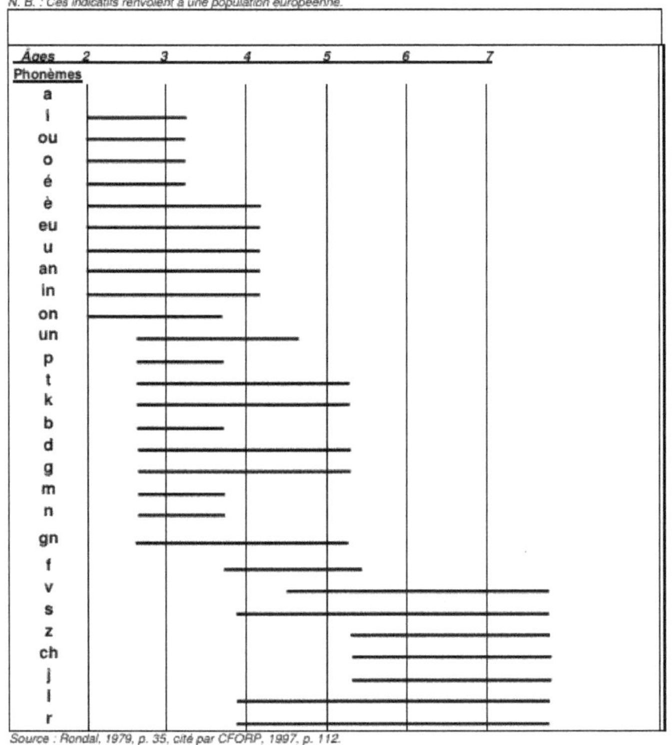

---

[198] Tiré de https://edusourceontario.com/res/atelier-litteratie-m3-conscience-phonologique-lot-21-33?_=cGI9MSYuY3M9NzA (Consulté le 18 juin 2023). Fait à noter pour les voyelles, RONDAL ne présente pas la voyelle mi-fermée (/o/), la voyelle mi-fermée (/ø/), ni la voyelle postérieure ouverte (/ɑ/). Il utilise également le symbole /ɔ̃/ pour la nasale mi-ouverte /ɔ̃/. Contrairement à ce que dit RONDAL, la voyelle /œ̃/ devrait normalement être intégrée en même temps que les autres voyelles nasales, la *nasalité* étant le seul trait distinctif la différenciant de la voyelle mi-ouverte /œ/. Les voyelles /o, ø/ devraient être acquises en même temps que la voyelle mi-fermée /e/ (vers trois ans). La voyelle /ɑ/ devrait, quant à elle être acquise à 3 ans, comme la voyelle ouverte /a/. La description de RONDAL ne tient pas compte non plus de l'acquisition des dorso-palatales /j, ɥ/ et de la dorso-vélaire /w/ qui devraient, quant à elles être intégrées vers l'âge de 5 ans, tout comme les constrictives /l/ et /r/ (voir MACLEOD (2014 :3).

Le développement phonologique de MACLEOD et al. (2014:3).

TABLEAU ACQUISITION DES CONSONNES

consonnes	20-23 MO	24-29MO	30-35 MO	36-41 MO	42-47 MO	48-53 MO
n	●	○	●		●	●
m	○	○	●	●	●	●
t		○	●	●	●	●
p		○	○	●	●	●
b		○	○	○	○	●
d		○		○	○	●
z		●	●	●	●	●
f			○	●	●	●
k				●	○	●
g				●	○	●
l				○	●	●
w				○	●	●
ɲ			○	○	○	●
ɥ				○	○	●
v				○	○	●
r				○		●
ʃ					○	○
j						○
ʒ					○	○
s					○	

Légende: ○ acquise (75%) et ● maîtrisée (90%).

Annexe 2

Tableau de développement phonologique actualisé [199]

	PHONÈMES		Âges
	Les voyelles a, i, u, ɔ, ɑ, e, ɛ, œ, y, o, ø, œ̃, ɑ̃, ɛ̃, ɔ̃		Vers 3 ans
	Les occlusives p, b, m, n t, k, d, g, ɲ		Vers 4 ans
	Les constrictives f, v, s, z, ʃ, ʒ l, r, j, ɥ, w		Vers 5 ans

---

[199] Ce tableau actualisé est adapté à partir de RONDAL (2003 : 69) pour les voyelles (qui devraient toutes être intégrées vers l'âge de 3 ans) et à partir de SANDER (1972 : 62), RONDAL (2003 : 69), BOWEN (2007 : 11), et MACLEOD (2014 : 3) pour les consonnes (dont les occlusives devraient toutes être intégrées entre 2 et 4 ans et les constrictives qui devraient toutes être intégrées entre 3 et 5 ans). Le tableau tient compte de la présentation de RONDAL (1999 : 73) selon qui l'essentiel du développement de l'enfant intervient entre 4 et 5 ans (même si un peu plus tardivement pour certaines constrictives). Le tableau indique des points de repère relatifs au moment de l'intégration phonologique de chacun des phonèmes où la grande majorité des enfants a acquis la bonne articulation du son.

Annexe 3

Tableau synoptique sur le développement du langage[200]

Âges	Développement du langage	
	Perception et compréhension	Production et expression
de la naissance à 3 mois	de la naissance à 1 mois -réagit à la voix -compréhension indifférenciée mais sensibilité à la prosodie et au rythme -discrimination et préférence pour la langue et la voix maternelle de 2 à 3 mois -réagit aux informations environnementales -capacités de catégorisation des sons	de la naissance à 1 mois -jasis de 2 à 3 mois -début des vocalisations et des vocalisations réponses -imite certaines mimiques -sourire intentionnel réponse
de 3 à 6 mois	de 3 à 4 mois -réactions aux intonations de la voix maternelle -s'oriente vers la voix de 4 à 5 mois -est apaisé par la parole -début d'attention conjointe -reconnaissance des syllabes dans des énoncés différents de 5 à 6 mois -comprend les différences d'intonation (approbation et désapprobation) -réagit au « non » et à son nom -semble reconnaître les mots « papa » et « maman » -catégorisation des voyelles	de 3 à 4 mois -premiers rires et cris de joie -premiers « areu » et sons glottaux de 4 à 5 mois -gazouillis -sons vocaliques -début de contrôle de la phonation -renvoi des vocalisations parentales -mise en place des procédures référentielles et prédicatives dans la communication de 5 à 6 mois -vocalisations de mieux en mieux maîtrisées -variations et imitations des intonations -rit aux éclats -répond à son nom en vocalisant
de 6 à 9 mois	de 6 à 7 mois -regarde la personne qui parle -possibilité de correspondance entre les	de 6 à 7 mois -babillage canonique -vocalise face à son image ou ses jouets de 7 à 8 mois

---

[200] Tiré de ROCCHESANI (2018 : ANNEXE 1) dont la source est BRIN, F. et al. (1997 : 41-49) *Dictionnaire d'orthophonie*, Isbergues, Ortho Édition.

	voyelles et les mouvements de bouche de 7 à 8 mois -réagit bien au « non » -donne un objet sur demande verbale de 8 à 9 mois -comprend « non, bravo, au revoir » - détection des frontières de syntagmes	-poursuite babillage canonique -chantonne -rires adaptés de 8 à 9 mois -imitation de sons produits par l'entourage -contours intonatoires influencés par la langue maternelle
de 9 à 12 mois	de 9 à 10 mois -début de compréhension lexicale en contexte de 10 à 11 mois -reconnaissance de mots connus hors contexte -détection des frontières des mots -réorganisation des catégories perceptives en fonction de la structure phonologique de la langue maternelle de 11 à 12 mois -une trentaine de mots compris en contexte -apprentissage de mots associés à leur référent	de 9 à 10 mois -« non » de la tête -gestes de « au apparaissent revoir » et « bravo » de 10 à 11 mois -babillage varié intonation -sélection d'un répertoire de consonnes et syllabes adaptées à la langue maternelle de 11 à 12 mois -apparition des premiers mots -présence de productions stables en relation avec les situations
de 12 à 18 mois	-comprend 100 à 150 mots -comprend les phrases courtes en situation -répond à des consignes simples	vers 16 mois -de plus en plus de productions stables - production de 50 mots (substantifs surtout) -holophrases (mot-phrase) -juxtaposition de deux mots
de 18 à 24 mois	-compréhension de plus de 200 mots - désignation d'objets puis sur des images -distingue certaines catégories de mots - comprend les consignes à 2 éléments sans geste d'accompagnement -compréhension des relations	-répond « non » -répétition de mots -production de 50 à 170 mots petites phrases agrammaticales (2 ou 3 mots) à partir de 20 mois -augmentation rapide du vocabulaire (250 à 300 mots) -début d'acquisition du genre et nombre

	syntaxiques entre les mots (en contexte) -la sémantique et la prosodie sont cohérentes	-dit son nom dans la parole -absence des finales des mots -absence des groupes diconsonantiques en « R » et « L »
de 2 à 3 ans	-comprend un bon nombre de locutions spatiales et temporelles -comprend la question « quand ? » -connaît les principales couleurs et parties du corps -différencie « gros, grand, petit » -oppose passé, présent, futur -obéit aux ordres plus complexes	-accroissement rapide du lexique -phrase de 3 ou 4 mots avec verbe et adjectif -élaboration syntaxique se poursuit -apparition des articles, pronoms, prépositions et quelques adverbes -questionne beaucoup sur le lexique -converse avec ses jouets
de 3 à 4 ans	compréhension : -de substantifs abstraits et d'adjectifs de dimension -des notions grammaticales comparatives -des questions où ? et pourquoi ? -des termes relatifs à l'espace et au temps	-lexique de 400 à 900 mots -se nomme -utilise les pronoms personnels -fait varier le temps -fautes grammaticales moins fréquentes -phrases d'au moins 6 mots -coordination avec « et » -raconte ce qu'il a fait (se libère de l'action et des contraintes de temps et d'espace)
de 4 à 5 ans	-compréhension de quand ? et comment ? -compréhension de « entre, autour et au milieu » -obéit à des consignes relatives à des objets absents	-conjugue aux temps simples -emploie des relatives -accorde l'adjectif -utilise des mots grossiers -joue avec les mots -adapte progressivement son discours à l'interlocuteur -tous les sons sont acquis hormis les oppositions « s/z » et « ch/j »
de 5 à 6 ans	quasiment tout le langage est compris -comprend les phrases interrogatives (sujet inversé) -s'intéresse au sen des mots -discrimine les sons proches -souhaite apprendre à lire	-phrases complexes (expansion et concordance) -utilise toutes les notions relatives à l'espace et au temps -conjugue et accorde les verbes irréguliers -dit son nom, son âge et son adresse -peut expliquer et définir -raconte de façon claire
après 6 ans	en ce qui concerne le temps : -apprentissage des saisons, des mois,	-formulation des questions avec la négation

	de la date, des notions de durée, de l'heure en ce qui concerne l'espace - apprentissage des termes géométriques et de situation spatiale	-utilisation du pronom personnel en rapport avec un référent connu - différenciation sémantique dans des champs proches -augmentation continue du stock lexical

Annexe 4

LES SIGNES D'APPEL[201]

Quand s'inquiéter ?	Signes d'appel	Pathologie(s) à suspecter
À tout âge	Ne semble pas réagir au bruit. Présente des infections ORL récurrentes. A des difficultés pour comprendre ou répondre de façon appropriée.	**Surdité.**
	Ne comprend pas le langage du quotidien. Communique très peu malgré son désir de communiquer ou faute de désir de communiquer. Ne fait pas ou peu de progrès de langage malgré la socialisation.	**Troubles envahissants du développement (autisme, …). Déficience intellectuelle.**
	Interpelle par son comportement (s'isole, se replie sur soi ou s'oppose, agresse) ou par des plaintes somatiques répétées.	**Troubles du langage oral ou écrit. Troubles envahissants du développement (autisme, …). Déficience intellectuelle. Troubles anxieux, dépressifs, …**
À 15 mois	Ne fait pas de tentative pour dire des mots. Ne pointe pas du doigt. N'a pas d'attention conjointe.	**Surdité. Retard de langage. Déficience intellectuelle. Troubles envahissants du développement (autisme, …).**
À 2 ans	Ne comprend pas le langage même simple. Ne dispose pas de 50 mots de vocabulaire. Ne dispose que d'un nombre restreint de consonnes.	
À 2 ans 6 mois	N'est pas capable de réaliser une consigne verbale simple. N'associe pas deux mots pour faire une phrase. Est très peu compréhensible par l'entourage.	
	Hésite beaucoup quand il parle.	**Bégaiement.[202]**
À 3 ans	A des difficultés pour comprendre les phrases hors	

---

[202] Il faut faire très attention ici. À 2 ans 6 mois et 4 ans, si l'identification du bégaiement est retenue, il faut que ce phénomène soit observé sur une durée de plus de six (6) mois. Le *bégaiement enfantin* est transitoire. Il fait partie des processus phonologiques normaux. Il est de courte durée (quelques jours ou quelques semaines, tout au plus). En bas âge, il fait partie d'une période charnière du développement du langage. L'enfant fait des tentatives articulatoires. Il vit des blocages naturels causés par la mise en route de son appareil phonateur. Il cherche parfois ses mots. Il hésite et manque d'assurance.

	contexte. Ne fait pas de phrase à trois éléments (sujet + verbe + complément). A des difficultés pour trouver le bon mot pour exprimer ses idées. N'est compris que par son entourage.	
À partir de 4 ans	Garde des difficultés pour comprendre le langage quand les phrases sont longues, complexes ou abstraites. Dispose d'un vocabulaire restreint et imprécis. Ne fait que des phrases courtes ou mal construites. A du mal à raconter des événements simples et récents. Simplifie des mots, ce qui le rend peu intelligible.	**Surdité. Retard de langage. Déficience intellectuelle. Retard de parole. Dysphasie.**
	Répète des sons plusieurs fois avant de parler. Se bloque en début de phrase.	**Bégaiement.**
À partir de 4 ans 6 mois	Prononce mal certains sons.	**Trouble d'articulation.**
À partir de 5 ans	N'organise correctement ni sa parole, ni son langage sur le versant expression. A des difficultés pour comprendre.	**Retard de langage. Déficience intellectuelle. Dysphasie. Risque de difficultés d'apprentissage de l'écrit.**
	Ne s'intéresse pas à la forme sonore du langage : ne perçoit pas les rimes, le nombre de syllabes dans un mot (conscience phonologique).	**Risque de difficultés d'apprentissage de l'écrit**
À 6-7 ans*	A des difficultés dans l'apprentissage de la lecture.	**Retard du langage écrit. Déficience intellectuelle. Troubles visuels et auditifs.**
À 8-9 ans **	Ne maîtrise pas la lecture et/ou l'écriture.	**Dyslexie. Dysorthographie.**

***Le cours préparatoire, 1ᵉ année (CP) en France, **Le cours élémentaire, 2ᵉ année (CE2) en France**

Annexe 5 [203]

Exemple d'activités pour développer les habiletés en conscience phonologique

Niveau de conscience phonologique	Description de l'habileté	Exemple d'activité
Mot	Distinguer et manipuler les mots dans une phrase.	Enseignante : Avance d'un pas pour chaque mot de la phrase : *Le chat est noir* (4 pas).
Syllabe	Distinguer et manipuler les syllabes d'un mot.	Enseignante : Tape des mains pour chaque syllabe de ton nom. (Manon : 2 tapes).
Rime	Reconnaître, identifier et produire des mots qui riment.	Enseignante : Nomme un mot qui rime avec *pain*. *Main* ou *Dent* ? (*main*). Nomme un mot qui rime avec *train* (*pain* ou *main*).
Conscience phonémique		
Isolation	Reconnaître les sons individuels dans le mot.	Enseignante : Quel est le premier son dans *main* ? Élève : /m/
Identification	Reconnaître les mêmes sons dans différents mots.	Enseignante : Quel son est le même dans *main*, *mur*, et *mou*? Élève : /m/
Catégorisation	Reconnaître qu'un des mots d'un ensemble a un son différent des autres.	Enseignante : Quel mot ne débute pas par le même son que les autres : *pomme*, *poire*, *orange* ? Élève : *orange*
Fusion	Écouter une séquence de sons et les combiner afin de produire un mot.	Enseignante : Quel mot forment /m/-/y/-/r/ ? Élève : *mur*
Segmentation	Décomposer le mot en sons, prononcer chaque son en tapant ou comptant.	Enseignante : Quels sont les sons dans *main* ? Élève : /m/ - /ɛ̃/
Suppression	Identifier le nouveau mot lorsqu'un phonème est retiré d'un mot.	Enseignante : Que devient le mot *bourse* sans le son /b/? Élève : *ours*
Addition	Former un mot nouveau en ajoutant un phonème à un mot existant.	Enseignante : Dis le mot *roue*. Maintenant ajoute le son /t/ au début de ce mot. Quel est le nouveau mot? Élève : *trou*
Substitution	Substituer un phonème par un autre pour créer un mot nouveau.	Enseignante : Dis le mot *nous*. Maintenant répète-le et change le /n/ pour /v/. Quel est le nouveau mot? Élève : *vous*

---

[203] Adapté de HALL (2006).

Annexe 6

Définitions phonologiques des voyelles

/i/ : fermée, non arrondie[204]

/e/ : mi-fermée, non arrondie

/ɛ/ : orale,[205] mi-ouverte, non arrondie

/a/ : antérieure, ouverte

/y/ : antérieure, fermée, arrondie

/ø/ : antérieure, mi-fermée, arrondie

/œ/ : orale, antérieure, mi-ouverte, arrondie

/u/ : postérieure, fermée[206]

/o/ : postérieure, mi-fermée

/ɔ/ : orale, postérieure, mi-ouverte

/ɑ/ : orale, postérieure,[207] ouverte[208]

/ɛ̃/ : nasale, non arrondie[209]

/œ̃/ : nasale, antérieure, arrondie

/ɔ̃/ : nasale, postérieure, arrondie

/ɑ̃/ : nasale, ouverte

---

[204] Pour les voyelles orales /i, e, ɛ/, le trait *antérieur* n'est pas pertinent puisqu'elles n'ont pas de contreparties *postérieures non arrondies*.

[205] Le trait *oral* est important puisque /ɛ/ s'oppose à /ɛ̃/ qui est *nasale*.

[206] On ne dit pas que /u, o, ɔ/ sont *arrondies* puisqu'elles n'ont pas de contreparties *postérieures non arrondies*.

[207] /ɑ/ ne s'oppose pas à des voyelles *orales postérieures non-arrondies* qui ont des apertures *fermées*, *mi-fermées* et *mi-ouvertes*. Il n'est pas non plus en opposition avec une voyelle *postérieure ouverte arrondie* (le trait *non-arrondi* est donc redondant pour /ɑ/). Il est en opposition avec /a/ et /ɑ̃/, ce qui explique la présence des traits *oral* et *postérieur*.

[208] L'aperture de /ɑ/ est déterminante puisque le trait *ouvert* nous permet de l'opposer aux voyelles *postérieures fermée*, *mi-fermée* et *mi-ouverte* sans égard à l'action des lèvres pour les voyelles postérieures.

[209] La voyelle nasale /ɛ̃/ ne s'oppose pas en aperture à d'autres voyelles *antérieures non-arrondies*, ni à une voyelle qui serait *postérieure* et *non-arrondie*. Pour cette raison, sa définition en tant que voyelle *nasale* (par rapport à /ɛ/) et *non arrondie* (par rapport à /œ̃/) est suffisante.

Définitions phonologiques des consonnes

/p/ : bilabiale, sourde
/t/ : apico-alvéolaire, sourde[210]
/k/ : dorso-vélaire, sourde
/b/ : bilabiale, orale[211], sonore
/d/ : apico-alvéolaire, occlusive[212], orale[213], sonore
/g/ : dorso-vélaire, occlusive[214], sonore
/m/ : bilabiale, nasale
/n/ : apico-alvéolaire, nasale
/ɲ/ : dorso-palatale, nasale
/f/ : labio-dentale, sourde
/s/ : prédorso-alvéolaire, sourde
/ʃ/ : prédorso-postalvéolaire, sourde
/v/ : labio-dentale, sonore
/z/ : prédorso-alvéolaire, sonore
/ʒ/ : prédorso-postalvéolaire, sonore
/l/ : apico-alvéolaire, constrictive[215]
/j/ : dorso-palatale, constrictive, non-labialisée[216]
/ɥ/ : dorso-palatale, constrictive, labialisée
/w/ : dorso-vélaire, constrictive
/r/ : dorso-uvulaire[217]

---

[210] /t/ étant la seule consonne apico-alvéolaire sourde, le trait occlusif devient redondant pour ce phonème.

[211] Le trait *oral* est pertinent puisque /b/ s'oppose à la consonne *nasale* /m/.

[212] Le trait *occlusif* est pertinent dans le cas de la consonne /d/ puisqu'elle s'oppose à la consonne /l/ qui est, par définition, *constrictive*.

[213] La consonne /d/ est *orale* par rapport à la consonne /n/ qui est *nasale* par définition.

[214] La consonne /g/ est distinctivement *occlusive* puisqu'elle s'oppose à la constrictive /w/ qui est *sonore* elle aussi.

[215] Le trait *sonore* n'est pas pertinent puisque la consonne /l/ n'a pas de contrepartie *constrictive sourde*.

[216] Même s'il ne figure pas au tableau, le trait *non-labialisé* (la non-projection des lèvres) est pertinent pour distinguer /ɥ/ de /j/ qui est articulée sans la projection des lèvres.

[217] Il suffit de définir /r/ en tant que consonne *dorso-uvulaire* puisqu'elle ne s'oppose pas

Annexe 7

Tableau phonologique des voyelles

	Orales				Nasales			
	antérieures		postérieures		antérieures		postérieures	
	non arr.	arr.	non arr.	arr.	non arr.	arr.	non arr.	arr.
Fermées	i	y		u				
Mi-fermées	e	ø		o				
Mi-ouvertes	ɛ	œ		ɔ	ɛ̃	œ̃		ɔ̃
Ouvertes	a		ɑ				ɑ̃	

Exemples de monèmes

[i] vie   [y] tu   [u] tout   [ɛ̃] bain   [e] clé

[ø] jeu   [o] dos   [œ̃] Brun   [ɛ] lait   [œ] le

[ɔ] sol   [ɑ̃] temps   [a] mal   [ɑ] pâte   [ɔ̃] mont

---

dans son ordre ni à une *occlusive,* ni à une *constrictive sourde,* ni à une consonne *nasale.*

Tableau phonologique des consonnes

orales			Bilabiales	Labio-dentales	Apico-alvéolaires	Prédorso-alvéolaires	Prédorso-post- alvéolaires	Dorso-palatales	Dorso-vélaires	Dorso-uvulaire
orales	occlusives	sourdes	p		t				k	
		sonores	b		d				g	
	constrictives	sourdes		f		s	ʃ			
		sonores		v	l	z	ʒ	j/ɥ	w	r
nasales			m		n			ɲ		

Exemples de monèmes

[p] pont   [t] table   [k] cou   [b] beau   [d] doux

[g] garçon   [f] faire   [s] soleil   [ʃ] chant   [v] vent

[l] lait   [z] zone   [ʒ] jour   [j] fille   [ɥ] huit

[w] oui   [r] rue   [m] moi   [n] non   [ɲ] agneau

Lexique[218]

Abduction

Se dit des cordes vocales lorsqu'elles sont éloignées l'une de l'autre, laissant alors la glotte ouverte. C'est la position du ligament vocal lors de la respiration. Le chuchotement, les sons sourds et les consonnes improprement appelées «aspirées» (puisqu'elles sont en fait expirées) nécessitent généralement un resserrement des cordes vocales.

Adduction

Se dit des cordes vocales lorsqu'elles sont rapprochées l'une de l'autre, fermant ainsi la glotte. Une forte pression sous-glottique, suivie d'une ouverture soudaine des cordes vocales, produira un «coup de glotte», bruit qui correspond à une consonne dans certaines langues (l'arabe, par exemple) et qui occupe d'autres fonctions dans d'autres langues (contrastif en allemand, expressif en français, etc.). Lorsque le ligament vocal est fermé mais que l'air s'échappe tout de même, il y a production de sonorité. On dit que les cordes vocales vibrent.

Alvéolaire

Une consonne alvéolaire a les alvéoles comme lieu d'articulation. [t], [d], [n], [s], [z] et [l] sont des consonnes alvéolaires en français.

Alvéoles

Les alvéoles sont situées dans la partie osseuse antérieure de la voûte palatine. Ce sont les rebords de chair qui se trouvent derrière et au-dessus des incisives supérieures. Sur le plan linguistique, les alvéoles constituent le lieu d'articulation des consonnes alvéolaires ([t], [d], [s], [z], par exemple).

Antériorisation

Un son est dit antériorisé lorsque, au moment de sa réalisation, il s'accompagne d'un déplacement de la langue vers l'avant de la cavité buccale. Un son antériorisé est donc soumis à une modification de son lieu d'articulation. En français par exemple, l'enfant peut produire **gros** [dro] au lieu de [gro] dans le cadre du processus phonologique qui fait que la consonne *dorso-vélaire* /g/ est réalisée en tant qu'*apico-alvéolaire* /d/.[219]

Aperture

L'aperture est l'espace qui est délimité par l'articulateur, d'une part, et le lieu

---

[218] La très grande majorité des définitions contenues dans cette section est tirée de Pierre MARTIN, Laboratoire de phonétique de l'Université Laval (https://www.phonetique.ulaval.ca/, consulté le 6 novembre, 2023). Certaines définitions ont été abrégées pour en conserver l'essentiel. Pour celles-ci, les définitions se terminent par des crochets qui renferment trois points de suspension ([…]).

[219] Cette définition est de l'auteur.

d'articulation, d'autre part. Il existe en français quatre degrés d'aperture buccale: premier degré d'aperture ou aperture minimale (voyelles fermées), deuxième degré d'aperture (voyelles mi-fermées), troisième degré d'aperture (voyelles mi-ouvertes) et quatrième degré d'aperture ou aperture maximale (voyelles ouvertes). Ces degrés sont déterminés de façon plutôt arbitraire; il n'existe, dans les faits, aucune mesure précise entre les différents degrés d'aperture.

Apex (ou pointe de la langue)

L'apex est le nom donné à la pointe de la langue. Il sert d'articulateur dans la production de plusieurs consonnes (dites « apicales »).

Apico-alvéolaire

Une consonne apico-alvéolaire a les alvéoles comme lieu d'articulation et la pointe de la langue comme articulateur.

Aphérèse

L'aphérèse consiste en la chute d'un phonème initial ou en la suppression de la partie initiale (une ou plusieurs syllabes) d'un mot. En français, « autobus » est devenu « bus » par aphérèse.[220]

Apocope

L'apocope consiste en la chute d'un ou de plusieurs sons (voire une syllabe) à la fin d'un mot, par changement phonétique ou par abrègement. On dit « télé » pour télévision, « auto » pour automobile, par apocope.

Appareil phonateur

L'appareil phonateur, ou buccophonateur, est un terme utilisé en phonétique pour désigner l'ensemble des structures impliquées dans la production de la parole: poumons, larynx et cavités supra-glottiques (pharyngale, nasale, buccale et labiale). Ce terme comprend également les muscles, ligaments et autres structures impliqués directement ou indirectement dans la phonation.

Arrondie

Une voyelle arrondie se caractérise par une projection des lèvres vers l'avant, celles-ci s'éloignant des dents. Le cas échéant, les lèvres s'arrondissent également.

Articulateur

L'articulateur est l'organe qui se rapproche ou entre en contact avec la partie supérieure du conduit vocal dans la réalisation des différentes articulations. Ce peut être une partie quelconque de la langue ou encore la lèvre inférieure.

Articulation (lieu d')

Endroit de la partie supérieure du conduit vocal où se produit l'articulation. Le lieu d'articulation peut être la lèvre supérieure, les incisives supérieures, les alvéoles, le palais dur, le palais mou, la luette (l'uvule) ou le pharynx.

Articulatoire (mode)

Le mode articulatoire correspond à la qualité du passage de l'air entre l'organe

---

[220] Tiré et adaptée de Dubois (1973).

articulateur et le lieu d'articulation. Le conduit vocal peut être totalement obstrué (consonnes occlusives), fortement resserré (consonnes constrictives) ou à peine réduit (voyelles).

Articulatoire (phonétique)

On l'appelle aussi phonétique physiologique. Il s'agit d'une branche de la phonétique qui examine les productions orales faites à l'aide de l'appareil phonateur. Les unités vocales y sont définies en tenant compte de l'action du larynx, notamment des cordes vocales, ainsi que des cavités supra-glottiques (pharyngale, buccale, nasale, labiale). On utilise généralement six critères articulatoires pour décrire les sons des langues: le voisement (sonore versus sourd), la résonance nasale (nasal versus oral), la résonance labiale (labialisé/arrondi versus non labialisé/non arrondi), le mode articulatoire (occlusive versus constrictive versus vocalique...), le lieu d'articulation (labial, dental, alvéolaire, palatal, vélaire, uvulaire, pharyngal, laryngal) et l'articulateur (labial, apical, dorsal, radical, épiglottal). L'analyse articulatoire peut avoir recours à des techniques particulières très sophistiquées (voir phonétique expérimentale): palatographie, cinéradiologie, électromyographie, stroboscopie, laryngoscopie, glottographie, etc.

Assimilation double

Adaptation d'un son qui tend à se rapprocher, par inertie, d'un autre son de type articulatoire différent avec lequel il est en contact. L'assimilation double se fait simultanément de gauche à droite et de droite à gauche. Ex.: « maintenant », où le [t] passerait à [n] sous l'influence du double contexte nasal qui le précède et le suit.

Assimilation progressive

Adaptation d'un son qui tend à se rapprocher, par inertie, d'un autre son de type articulatoire différent avec lequel il est en contact. L'assimilation progressive se fait de gauche à droite. Ex.: dans [sybsiste] (« subsister »), le second [s] devient sonore et se réalise (presque) comme [z] sous l'influence de la consonne sonore [b] -> [sybziste].

Assimilation régressive

Adaptation d'un son qui tend à se rapprocher, par inertie, d'un autre son de type articulatoire différent avec lequel il est en contact. L'assimilation régressive se fait de droite à gauche. Ex.: dans [medsin] (« médecine »), [d] devient sourd et se réalise (presque) comme [t] sous l'influence de la consonne sourde [s] -> [metsin].

Bi-labiale

Une consonne bi-labiale a la lèvre supérieure comme lieu d'articulation et la lèvre inférieure comme articulateur.

Cavité buccale

La cavité buccale est cette partie du conduit vocal située entre les lèvres et le pharynx, d'une longueur d'environ 8,1 cm chez l'homme adulte et 7,8 cm chez la femme adulte. Son rôle est de résonner les sons provenant de la glotte. La cavité buccale, comme toute cavité de résonance, amplifie et affaiblit certaines fréquences en fonction de sa fréquence propre, jouant ainsi un rôle de filtre acoustique. La cavité buccale est composée, dans sa partie inférieure, de la langue et des dents, et dans sa partie supérieure, de la voûte palatine. Cette dernière est séparée en deux parties: une partie osseuse comprenant les incisives, les alvéoles et le palais dur et une partie fibreuse comprenant le palais mou (ou voile du palais) et la luette (ou uvule).

Cavité labiale

Extrémité antérieure du conduit vocal, la cavité labiale est formée par la projection des lèvres vers l'extérieur de la bouche. L'arrondissement ainsi formé est un résonateur du son laryngien, pharyngien et buccal. La cavité labiale offre deux possibilités: la projection des lèvres vers l'extérieur, ce qui donne lieu à des articulations labialisées ou arrondies (c'est le cas de [w], de [o], de [u], etc.). La seconde possibilité est la rétraction des lèvres, ce qui donne lieu à des articulations non-labialisées ou non-arrondies ([j], [e], [i]).

Cavité nasale (ou fosses nasales)

La cavité nasale, aussi appelée fosses nasales, est une cavité supra-laryngale ayant comme fonction, lors de la production de la parole, de résonner les sons provenant du larynx et du pharynx. À ce moment, si le palais mou, qui se termine par la luette, est détaché de la paroi pharyngale, l'air provenant des poumons s'échappera non seulement par la cavité orale, mais aussi par la cavité nasale, produisant ainsi un son nasal (en français: m, n, etc.) par opposition à un son oral.

Cavité pharyngale

La cavité pharyngale, ou pharynx, est un conduit d'une longueur d'environ 8,9 cm chez l'homme adulte et 6,3 cm chez la femme adulte. Elle est située derrière la langue, à la jonction entre les cavités orales et nasales. Le pharynx forme la portion verticale du conduit vocal au-dessus du larynx, et c'est le premier résonateur du son laryngien. Quatre muscles servent à sa constriction: les constricteurs supérieur, médian et inférieur et le palato-pharyngeus. Le pharynx est quelques fois divisé en trois sections: l'oro-pharynx, le naso-pharynx et le laryngo-pharynx.

Cavités supra-glottiques

Au nombre de quatre, les cavités supra-glottiques (ou supralaryngales), situées au-dessus du larynx, sont le pharynx, la cavité nasale, la cavité buccale et la cavité labiale. Le rôle de ces cavités est de résonner le son provenant du larynx, d'affaiblir ou d'amplifier certaines fréquences du son en fonction de leur propre fréquence de résonance.

Champ de dispersion

En phonologie, le champ de dispersion d'un phonème regroupe l'ensemble de ses réalisations phonétiques selon différents contextes.[221]

Classement articulatoire (critères de)

Le classement articulatoire des sons humains se fait à partir de six critères : le voisement, la résonance nasale, la résonance labiale, le mode articulatoire, le lieu d'articulation et l'articulateur.

---

[221] Cette définition est de l'auteur.

Combinatoire (phonétique)

Une langue n'est pas constituée de segments isolés mais de sons enchaînés dans le discours. Il en résulte que ces unités s'influencent les unes les autres constamment dans la chaîne sonore. Dans un environnement nasal, par exemple, un segment oral subira une pression à la nasalisation, le segment nasal subissant lui-même une pression à la dénasalisation. Dans un contexte sourd, un segment sonore subira une pression à la désonorisation, les segments sourds environnants subissant eux-mêmes une pression contraire, c'est-à-dire au voisement. La phonétique combinatoire est précisément l'étude de l'interaction des sons les uns sur les autres dans la chaîne.

À cet égard, la vie des sons est régie par l'économie linguistique qui met en présence deux types de pression: l'inertie des organes phonateurs et la nécessité pour les sons de se maintenir distincts pour réaliser la communication. La force d'inertie tend à rapprocher les articulations pour restreindre la dépense d'énergie. Par contre, la nécessité de la communication, telle qu'elle s'exprime dans le système des unités distinctes, tend à faire en sorte que les articulations se maintiennent comme telles, voire se différencient, évitant ainsi l'assimilation et la disparition. L'entrejeu de ces deux forces, avec les gains et les reculs tantôt de l'une, tantôt de l'autre, ponctue l'évolution linguistique.

Commutation

La commutation, c'est la substitution, dans un contexte identique, d'un segment par un autre, avec réalisation d'une nouvelle unité significative. Par exemple, « tu » [ty] versus « dû » [dy], « baume » [bom] versus « paume » [pom].

Conscience phonologique

La conscience phonologique est le premier niveau de compétence phonologique et se définit par l'habileté pour l'enfant à identifier et à manipuler les mots et les parties d'un mot dans la phrase (le mot, la syllabe et la rime). La conscience phonologique plus générale est intimement liée à la découverte du mot et la façon dont il se construit. Elle permet à l'enfant de faire ses premiers pas dans le maniement des structures générales qui le composent. En ce sens, l'enfant est capable de dire que, dans *le beau chien* /lœboʃjɛ̃/, il y a trois mots. Avoir conscience des syllabes, c'est pouvoir dire que dans *un gros problème* /œ̃groprɔblɛm/ il y a quatre syllabes.[222]

Conscience morphologique

La conscience morphologique peut se définir comme la capacité à concevoir d'une part les frontières entre les mots et d'autre part à prendre conscience que ces mêmes mots sont constitués d'unités significatives, les morphèmes, qui sont soit lexicaux soit grammaticaux. Cette capacité, comme la conscience phonologique, semble primordiale dans l'apprentissage de l'écrit du français.[223]

Conscience phonémique

---

[222] Cette définition est de l'auteur.

[223] Cette définition est tirée de REY, V. et al. (2001)

La conscience phonémique est une compétence supérieure à la conscience phonologique chez l'enfant qui a développé l'habileté à manipuler le phonème de manière isolée. L'enfant qui a acquis une conscience phonémique est en mesure d'isoler les phonèmes, les identifier, les catégoriser, les fusionner, les segmenter, les supprimer, les additionner et les substituer entre eux. L'enfant qui a conscience des phonèmes ou qui a développé une conscience phonémique, est capable de dire que dans *bateau* /bato/ il y a quatre phonèmes.[224]

Consonne

Sur le plan articulatoire, une consonne nécessite une obstruction, totale ou partielle, du conduit vocal, en un ou plusieurs points. Sur le plan acoustique, les consonnes se caractérisent par des propriétés ayant trait à leur périodicité, leur continuité et la présence du bruit plutôt que de formants.

Constriction

Une constriction est un resserrement du chenal expiratoire. L'air qui provient des poumons passe de façon continue par cet espace restreint donnant lieu à l'émergence des consonnes constrictives.

Constrictive

Une consonne constrictive se réalise au moyen d'un resserrement important du conduit vocal en un point quelconque du chenal expiratoire.

Cordes vocales (ou ligament vocal)

Petits muscles en forme de lèvres situés dans la partie moyenne du larynx, les cordes vocales sont rattachées à l'avant à la paroi fixe du larynx et à l'arrière aux deux aryténoïdes mobiles. Ces derniers sont de petits cartilages qui écartent et rapprochent les cordes vocales, déterminant ainsi l'ouverture ou la fermeture de la glotte. Les cordes vocales jouent un rôle essentiel dans la production de la voix. Pendant la phonation, elles sont rapprochées et la glotte est fermée. C'est la pression exercée par la poussée de l'air provenant des poumons qui fait vibrer les cordes vocales, produisant la voix, qui caractérise les sons dits voisés (sonores), voyelles ou consonnes. La pression diminue ensuite et le cycle recommence, scindant l'air provenant des poumons en impulsions dont la fréquence est variable.

Corrective (phonétique, ou phonétique orthophonique)

Elle vise la correction phonétique. Deux cas de figure doivent être distingués: celui de l'apprenant d'une langue seconde, qui a besoin de connaître une méthode efficace pour acquérir les bases d'une prononciation jugée acceptable de cette langue par les locuteurs natifs. Puis, il y a les personnes qui présentent un trouble du langage parlé. La phonétique orthophonique procède alors au dépistage du trouble et, en fonction du diagnostic posé, elle propose un traitement approprié.

Dénasalisation

Une dénasalisation se produit lorsqu'une articulation cesse d'être accompagnée d'un passage de l'air vers la cavité nasale. Par anticipation d'une articulation orale

---

[224] Cette définition est de l'auteur.

qui suit, il arrive que la luette remonte sur la paroi pharyngale avant que l'articulation nasale soit terminée. D'autre part, il peut s'agir au contraire d'un retard de nasalité, la luette ne s'abaissant que tardivement. Sans parler des dénasalisations dues simplement à une congestion nasale lors d'un rhume.

Dénasalisée

Une consonne (ou une voyelle) nasale peut être dénasalisée sous l'influence des segments oraux environnants. La dénasalisation est provoquée par une anticipation du relèvement de la luette (ou par un retard dans le décollement de celle-ci) sur (de) la paroi pharyngale lors de l'émission du son. La luette empêche alors l'air d'entrer dans la cavité nasale, pendant une partie tout au moins de la réalisation du son. Ex.: « Conrad » prononcé avec une voyelle postérieure mi-ouverte ayant perdu toute trace de nasalité. Un engorgement des fosses nasales lors d'un rhume peut également avoir un impact: « rhume » prononcé avec une sorte de [b] final.

Dentale

Une consonne dentale a les dents supérieures comme lieu d'articulation. En français, les consonnes dentales sont [f] et [v].

Descriptive (phonétique)

Cette branche de la phonétique s'attache à expliquer le fonctionnement d'une seule langue en particulier. Ainsi, il y a la phonétique descriptive du français, la phonétique descriptive de l'anglais, etc. Tous les aspects phonétiques de la langue décrite sont alors abordés.

Désonorisée (ou dévoisée)

Une voyelle ou une consonne est désonorisée (ou dévoisée) quand, souvent sous l'influence de segments sourds environnants, elle perd son caractère sonore. La voyelle ou la consonne est alors prononcée sans vibration des cordes vocales au niveau du larynx. Un signe diacritique souscrit (petit cercle) permet de signaler la présence d'une articulation dévoisée. Ex.: dans « absous », [b] tend à être désonorisé sous l'influence de [s] (sourd) –> [apsu]. De même, en français québécois, le [i] de « siffler » ([sifle]) est régulièrement désonorisé.

Détente (ou explosion)

L'explosion, appelée également détente, est la phase finale de la production d'une consonne occlusive. Elle est ainsi nommée à cause du bruit que produit l'air qui est brusquement libéré après la rupture du contact entre l'articulateur et le lieu d'articulation. Lors de la réalisation d'une occlusive, l'explosion est précédée de l'implosion et de la tenue.

Dévoisée (ou désonorisée)

Une voyelle ou une consonne est désonorisée (ou dévoisée) quand, souvent sous l'influence de segments sourds environnants, elle perd son caractère sonore. La voyelle ou la consonne est alors prononcée sans vibration des cordes vocales au niveau du larynx. Un signe diacritique souscrit (petit cercle) permet de signaler la présence d'une articulation dévoisée. Ex.: dans « absous », [b] tend à être désonorisé sous l'influence de [s] (sourd) –> [apsu]. De même, en français québécois, le [i] de « siffler » ([sifle]) est régulièrement désonorisé.

Diaphragme

Muscle large et mince qui sépare le thorax de l'abdomen. Il assure la ventilation des poumons. Quand il se contracte et s'abaisse dans la cage thoracique, l'air entre dans les poumons. Quand il se relâche et remonte dans la cage thoracique, l'air est expulsé des poumons. Il participe donc étroitement à l'action des poumons comme source d'énergie de la parole.[225]

Dilation double

Adaptation d'un son qui tend à se rapprocher, par inertie, d'un son à distance de type articulatoire différent. La dilation double se fait simultanément par la gauche et la droite. Ex.: dans [disemine] (« disséminer »), le premier [e] (mi-fermé) tend à se fermer et à se réaliser [i] (fermé) sous l'influence simultanée des deux [i] (fermés) des syllabes environnantes –> [disimine].

Dilation progressive

Adaptation d'un son qui tend à se rapprocher, par inertie, d'un son à distance de type articulatoire différent. La dilation progressive se fait de gauche à droite. Ex.: dans [definitwar] (« définitoire »), le premier [i] (fermé) tend à s'ouvrir et à se réaliser en [e] sous l'influence du [e] (mi-fermé) qui le précède –> [defenitwar].

Dilation régressive

(phonétique combinatoire) Adaptation d'un son qui tend à se rapprocher, par inertie, d'un son à distance de type articulatoire différent. La dilation régressive se fait de droite à gauche. Ex.: « surtout », avec la première voyelle prononcée comme [u], sous l'influence de la voyelle de la seconde syllabe ([u]).

Diphtongue

Une diphtongue consiste en une articulation vocalique complexe qui comporte une variation de lieu d'articulation ou de mode articulatoire en cours d'émission. Les diphtongues impliquent un relâchement des organes articulatoires et un changement de timbre vocalique. On rencontre de nombreuses diphtongues en anglais ("mouse"), mais aussi en français du Québec dans un mot comme "fête" prononcé [faⁱt].

Discrète (unité)

Une quantité discontinue ou unité discrète est un élément phonologique par lequel des unités significatives minimales (monèmes, morphèmes) sont distinguées les unes des autres. C'est un élément qui vaut par sa présence ou son absence. Il n'est jamais plus ou moins quelque chose car il n'a de réalité qu'oppositive. Par exemple, en français, les mots « pain » et « bain » sont distingués l'un de l'autre grâce aux quantités discontinues /p/ et /b/. En phonologie, les quantités discontinues ou unités discrètes sont des unités non significatives mais distinctives, c'est-à-dire des unités qui permettent d'opposer les monèmes d'une langue. On dégage les quantités discontinues au moyen de la procédure de découverte appelée « commutation ». Les unités discrètes peuvent être de nature segmentale (les

---

[225] Cette définition est de l'auteur.

phonèmes), ou supra-segmentale (les tons).

Dissimilation

(phonétique combinatoire) Modification d'un son qui tend à se différencier, pour mieux se maintenir, d'un autre son qui le conditionne et duquel il est distant. Ex.: « venimeux » tend à se prononcer « vlimeux ».

Distinctif (trait ou trait pertinent)

Une quantité discontinue ou unité discrète est un élément phonologique par lequel des unités significatives minimales (monèmes, morphèmes) sont distinguées les unes des autres. C'est un élément qui vaut par sa présence ou son absence. Il n'est jamais plus ou moins quelque chose car il n'a de réalité qu'oppositive. Par exemple, en français, les mots « pain » et « bain » sont distingués l'un de l'autre grâce aux quantités discontinues /p/ et /b/. En phonologie, les quantités discontinues ou unités discrètes sont des unités non significatives mais distinctives, c'est-à-dire des unités qui permettent d'opposer les monèmes d'une langue. On dégage les quantités discontinues au moyen de la procédure de découverte appelée « commutation ». Les unités discrètes peuvent être de nature segmentale (les phonèmes), ou supra-segmentale (les tons).

Distinctive (fonction)

On dit d'un élément phonique quelconque qu'il exerce une fonction distinctive lorsque sa présence ne s'explique pas par l'environnement phonétique, tout en rendant habituellement possible une opposition entre des monèmes (ou morphèmes) différents. Le rôle distinctif est d'abord rempli par les sons des langues, que l'on appelle alors des « phonèmes », ou unités distinctives segmentales minimales. En français, la présence de /f/ plutôt que /v/ assure une opposition significative entre « fil » et « ville ». Les phonèmes sont eux-mêmes constitués de traits phonétiques dits « pertinents ». Dans le cas de /f/ et de /v/, c'est la sonorité qui les oppose, c'est-à-dire la présence ou l'absence de vibrations des cordes vocales. La sonorité est donc considérée comme pertinente en français (pour les consonnes).

Dorsale

Une consonne dorsale a le dos de la langue comme articulateur. [k], [g], [w] et [j], par exemple, sont des consonnes dorsales.

Dorso-palatale

Une consonne dorso-palatale a le palais dur comme lieu d'articulation et le dos de la langue comme articulateur.

Dorso-vélaire

Une consonne dorso-vélaire a le voile du palais comme lieu d'articulation et le dos de la langue comme articulateur.

Dorso-uvulaire

Une consonne dorso-uvulaire a la luette comme lieu d'articulation et le dos de la langue comme articulateur. [R] est une consonne dorso-uvulaire en français.

Dos (de la langue)

Le dos est le nom donné à la partie médiane de la langue, située entre l'apex (la pointe) et la racine. Le dos de la langue sert d'articulateur pour un très grand nombre de sons. Au besoin, on le divise en parties pré-, médio- et post-dorsales.

Double articulation du langage

La double articulation du langage comprend d'une part, les unités significatives (unités de première articulation) et, d'autre part, les unités distinctives (unités de deuxième articulation). Le concept de la double articulation du langage permet de comprendre la différence entre le *son* et le *mot*. La première articulation regroupe les *monèmes* de la langue (les unités significatives qui ont du sens). De son côté, la deuxième articulation regroupe les *phonèmes* (les unités distinctives minimales de la langue et qui n'ont pas, généralement, de signification). Les unités de la deuxième articulation (les phonèmes) ont pour fonction de construire les unités de la première articulation (les monèmes).[226]

Double (assimilation)

Adaptation d'un son qui tend à se rapprocher, par inertie, d'un autre son de type articulatoire différent avec lequel il est en contact. L'assimilation double se fait simultanément de gauche à droite et de droite à gauche. Ex.: « maintenant », où le [t] passerait à [n] sous l'influence du double contexte nasal qui le précède et le suit.

Dyslalie

La dyslalie est une difficulté articulatoire phonétique qui est, dans la très grande majorité des cas, transitoire. La dyslalie est souvent associée à une mauvaise utilisation de l'articulateur du phonème (la lèvre inférieure ou la langue) ou encore la mauvaise utilisation du lieu d'articulation du phonème. Par exemple, dans le cas du sigmatisme addental, l'enfant utilise les dents comme lieu d'articulation au lieu des alvéoles pour produire les consonnes *apico-alvéolaires* /t, d, l, n/. Dans le cas du sigmatisme latéral, c'est l'articulateur (la langue) qui n'est pas correctement positionné (aligné) dans la cavité buccale (la langue s'appuie contre la joue intérieure causant un blocage de l'air expulsé d'un côté), ce qui entraîne une impression de schlintement.[227]

Économie linguistique

La vie des sons du langage est régie par l'économie linguistique qui met en présence deux types de pression: l'inertie des organes phonateurs et la nécessité pour les sons de se maintenir distincts pour réaliser la communication. La force d'inertie tend à rapprocher les articulations pour restreindre la dépense d'énergie. Par contre, la nécessité de la communication, telle qu'elle s'exprime dans le système des unités distinctes, tend à faire en sorte que les articulations se maintiennent comme telles, voire se différencient, évitant ainsi l'assimilation et la disparition. L'entrejeu de ces deux forces, avec les gains et les reculs tantôt de l'une, tantôt de l'autre, ponctue l'évolution linguistique.

Épiglotte

---

[226] Cette définition est de l'auteur.

[227] Cette définition est de l'auteur.

L'épiglotte est une masse fibro-cartilagineuse située à la base de la langue, derrière l'hyoïde. Elle joue le rôle d'une valve en fermant l'entrée du larynx lors de la déglutition, empêchant ainsi les aliments de pénétrer dans la trachée. On pense qu'elle intervient également dans la réalisation de certaines consonnes, appelées épiglottales.

Explosion (ou détente)

L'explosion, appelée également détente, est la phase finale de la production d'une consonne occlusive. Elle est ainsi nommée à cause du bruit que produit l'air qui est brusquement libéré après la rupture du contact entre l'articulateur et le lieu d'articulation. Lors de la réalisation d'une occlusive, l'explosion est précédée de l'implosion et de la tenue.

Explosive

On appelle « explosive » la consonne occlusive, en raison du bruit d'explosion que produit l'air qui s'échappe brusquement au relâchement de l'occlusion.

Faisceau phonologique

Un faisceau phonologique est l'ensemble des traits distinctifs (pertinents) qui définissent un phonème. Les traits distinctifs du faisceau sont habituellement notés entre barres obliques pour distinguer les phonèmes des réalisations phonétiques possibles dans la langue qui sont notées entre crochets droits. Le phonème /d/, par exemple, correspond à l'ensemble des quatre traits distinctifs *apico-alvéolaire*, *occlusive*, *orale* et *sonore*, qui sont réalisées dans la production de la consonne apico-alvéolaire. Par contre, le trait distinctif *oral* est l'élément du faisceau décisif de la consonne /d/ qui permet de distinguer /d/ de /n/ (dont le faisceau est constitué des deux éléments phonologiques *apico-alvéolaire* et *nasale*), comme en témoigne la paire minimale ***don*** [dɔ̃] ~ ***non*** [nɔ̃] où la distinction s'opère entre une consonne distinctivement *orale* versus une consonne distinctivement *nasale*.[228]

Fermée (voyelle)

Une voyelle fermée est caractérisée par une petite aperture mais un écoulement libre de l'air.

Fluctuation

La fluctuation de phonèmes est la possibilité pour l'enfant de faire alterner librement deux phonèmes dans le même monème. Chez l'enfant, ces fluctuations sont prévisibles et transitoires. De manière générale, elles ne durent pas dans le temps et disparaissent rapidement d'elles-mêmes. Les fluctuations phonologiques donnent parfois l'impression que le système de l'enfant est instable, qu'il n'est pas consolidé, que les lieux d'articulations sont dynamiques, qu'il y a chevauchement des champs de dispersions des phonèmes, que l'enfant ne discrimine pas les phonèmes correctement ou qu'il n'est pas capable de les distinguer dans leurs

---

[228] Cette définition est de l'auteur.

fonctions dans le système.[229]

Fricative

Une consonne fricative est une consonne constrictive qui comporte une forte tension musculaire.

Friction

La friction apparaît quand il y a resserrement du chenal expiratoire pendant la réalisation d'une consonne. Puisqu'il n'y a pas fermeture complète du chenal expiratoire, il y a sortie d'air et production d'un bruit de frottement entre l'air et les parois des organes.

Glide

À toutes fins utiles, le « glide » (ex.: [j] et [w]) est un autre mot (d'origine anglaise) pour une semi-voyelle (ou une semi-consonne). À certains égards, il a les caractéristiques d'une voyelle (périodicité, possibilité de formants acoustiques), mais à d'autres égards (grande fermeture, instabilité formantique, son de transition ou de passage) il s'apparente aux consonnes.

Glotte

La glotte est l'espace entre les deux membranes musculaires que constituent les cordes vocales. Les variations de formes et de dimensions de la glotte déterminent les différents types de phonation.

Grasseyé

Le « r » grasseyé ([R]) est une consonne vibrante caractérisée par des battements de la luette.

Interversion

Substitution de sons en contact qui se remplacent l'un l'autre. Ce type de phénomène est souvent causé par l'anticipation phonétique ou le mauvais encodage (écrit). Ex.: [disk] et [asterisk] tendent à se réaliser [diks] et [asteriks], par interversion.

Labial (articulateur)

Une consonne labiale a la lèvre inférieure comme articulateur. En français, [p], [b], [m], [f] et [v] sont des consonnes labiales.

Labial (lieu d'articulation)

Sur le plan du lieu d'articulation, une consonne est dite labiale lorsqu'elle a la lèvre supérieure comme lieu d'articulation. En français, les consonnes labiales sont [p], [b] et [m].

Labial (articulateur)

Une consonne labiale a la lèvre inférieure comme articulateur. En français, [p], [b], [m], [f] et [v] sont des consonnes labiales.

Labiale (résonance)

---

[229] Cette définition est de l'auteur.

La résonance labiale correspond à l'un des six critères de description articulatoire des sons humains. Elle intervient lorsque les lèvres sont projetées à l'extérieur de la bouche. La cavité ainsi créée à l'avant de la bouche rend possible la réalisation d'articulations labialisées (consonnes), ou arrondies (voyelles).

Labialisée

Une consonne labialisée se caractérise par une projection des lèvres vers l'extérieur de la bouche, celles-ci s'éloignant des dents. (Voir « arrondie » pour les voyelles)

Labio-dentale

Une consonne labio-dentale a les incisives supérieures comme lieu d'articulation et la lèvre inférieure comme articulateur.

Lâche

Une voyelle lâche comporte une faible tension musculaire et est très souvent plus ouverte et plus brève qu'une voyelle tendue.

Langue

La langue est une masse musculaire divisée en trois parties : la pointe (apex) qui sert d'articulateur pour les articulations apicales, le dos pour les articulations pré-, médio- ou post-dorsales, et la racine dans le cas des articulations radicales. Elle constitue l'articulateur principal des différents sons. La langue permet le blocage d'air venant des poumons pour produire les consonnes occlusives, le resserrement de la cavité buccale inhérent à la production des consonnes constrictives et, lorsqu'elle demeure suffisamment éloignée de la voûte du palais, elle permet la réalisation des différentes voyelles.

Larynx

Le larynx est une structure fondamentale dans la production du langage. Il connecte la trachée au pharynx et agit comme une valve à travers laquelle doit passer l'air lors de la respiration et de la phonation. Le larynx, notamment par le jeu des cordes vocales, crée l'énergie sonore utilisée dans la parole. Il s'agit d'une structure cartilagineuse et osseuse, composée de différents constituants et comprenant notamment les cordes vocales [...]

Latérale

Une consonne latérale comporte un écoulement de l'air de part et d'autre d'une occlusion centrale maintenue par la partie antérieure de la langue. Il s'agit d'un écoulement de l'air par les côtés de la langue.

Lettre

Une lettre est un signe graphique de l'alphabet qui, employé seul ou avec d'autres, permet la transcription graphique en langue écrite d'une unité phonique quelconque (consonne, voyelle, groupe de segments).

Lèvres

Parties charnues qui bordent extérieurement la bouche. Les lèvres supérieure et inférieure s'amincissent pour se joindre aux commissures. La lèvre supérieure est limitée par le nez, alors que la lèvre inférieure est limitée par le sillon mentonnier. Lorsqu'elles sont projetées et arrondies, les lèvres forment une cavité qui sert de résonateur lors de la réalisation des voyelles arrondies et des consonnes labialisées. En revanche, lorsque les lèvres sont rétractées, les voyelles sont non arondies et les consonnes non labialisées.

La lèvre supérieure peut également agir comme lieu d'articulation ([p b m]), alors que la lèvre inférieure peut agir comme articulateur ([p f v]).

Lieu d'articulation

Endroit de la partie supérieure du conduit vocal où se produit l'articulation. Le lieu d'articulation peut être la lèvre supérieure, les incisives supérieures, les alvéoles, le palais dur, le palais mou, la luette (l'uvule) ou le pharynx.

Luette (uvule)

La luette ou uvule est une saillie allongée mobile qui termine le voile du palais et qui contribue, lorsqu'elle se détache de la paroi pharyngale, à permettre à l'air provenant des poumons et du larynx de se diriger non seulement vers la bouche, mais également vers les fosses nasales (articulations nasales). Lorsque la luette s'appuie sur la paroi pharyngale, elle empêche l'air de pénétrer dans les fosses nasales et ne le laisse s'échapper que par la bouche (articulations orales).

Métathèse

Substitution de sons à distance qui se remplacent l'un l'autre. Ce type de phénomène semble être causé par l'anticipation phonétique et le mauvais encodage (écrit). Ex.: « obnubiler » tend à être prononcé « obnibuler ».

Mi-fermée

Une voyelle mi-fermée se caractérise par une aperture moyenne, plus petite que pour une voyelle mi-ouverte.

Minimale (paire)

Deux signifiants qui ne se distinguent l'un de l'autre que par un seul de leurs phonèmes constituent une paire minimale. Par exemple, en français, « tuque » [tyk] et « duc » [dyk] forment une paire minimale qui permet d'opposer les phonèmes /t/ et /d/.

Mi-ouverte

Une voyelle mi-ouverte se caractérise par une aperture moyenne, plus grande que pour une voyelle mi-fermée.

Mode articulatoire

Le mode articulatoire correspond à la qualité du passage de l'air entre l'organe articulateur et le lieu d'articulation. Le conduit vocal peut être totalement obstrué (consonnes occlusives), fortement resserré (consonnes constrictives) ou à peine réduit (voyelles).

Monème

Le monème est l'unité minimale significative de la deuxième articulation du langage. Le monème peut être un mot simple, un radical, un affixe ou une désinence.[230]

Mou (palais)

Le palais mou forme, avec le palais dur qui est situé devant lui dans la partie supérieure de la cavité buccale, la voûte palatine. Le voile du palais est un organe mobile qui constitue le lieu d'articulation des réalisations vélaires. Lorsqu'abaissé, il permet à l'air d'atteindre les cavités nasales et ainsi sont réalisées les consonnes et les voyelles nasales et nasalisées. Inversement, lorsqu'il est relevé, il s'appuie contre la paroi supérieure du pharynx et bloque complètement le passage de l'air vers les fosses nasales permettant du même coup la réalisation des consonnes et des voyelles orales.

Nasale (articulation)

Une voyelle nasale exige que l'air phonateur s'échappe par les cavités buccales et nasales, le voile du palais étant abaissé de façon à laisser pénétrer l'air à la fois dans les deux cavités. Dans le cas d'une consonne nasale, l'air phonateur s'échappe par la cavité nasale – la sortie buccale étant fermée pendant l'occlusion –, le voile du palais étant abaissé, laissant entrer l'air dans les deux cavités.

Nasale (résonance)

La résonance nasale correspond à l'un des six critères de description articulatoire des sons humains. Elle intervient lorsque, la luette étant détachée de la paroi pharyngale, l'air pénètre à la fois dans la cavité nasale et la cavité buccale.

Neutralisation

Le terme « neutralisation » réfère au fait qu'une opposition phonologique n'est plus pertinente dans un contexte donné de la chaîne. Il s'agit de la perte d'une opposition distinctive, dans un contexte phonologique déterminé, entre des phonèmes partageant un ou plusieurs traits communs [...].

Non arrondie

Une voyelle non arrondie ne présente aucune projection significative des lèvres vers l'extérieur de la bouche. Les lèvres ne s'arrondissent pas, elles sont plutôt rétractées, c'est-à-dire proches des dents.

Norme (de prononciation)

Très souvent, la « norme » de la « belle » ou de la « bonne » prononciation, appelée également de façon impropre prononciation « standard » ou prononciation « internationale », s'identifie à la variété pratiquée par les groupes de locuteurs les plus instruits, ou au sommet de la hiérarchie sociale. Pourtant, linguistiquement, il n'y a pas lieu de parler d'une norme mais de plusieurs normes. En effet, dans la mesure où une langue est une institution sociale, il y a des comportements convergents et des comportements divergents. Et il n'y a pas forcément correspondance entre les premiers et les formes valorisées, puis entre les seconds et les formes dénigrées. Certaines formes sont prisées par certains, ici et maintenant, puis seront bannies ultérieurement. Les projections individuelles et la

---

[230] Adapté de Dubois (1973).

pression du groupe varient selon les âges, les époques, les lieux, le sexe, la classe sociale, etc., mais aussi selon la situation de communication. En réalité, une fois admise l'intercompréhension, les normes résultent de jugements de valeur sur les comportements langagiers. Il y a des normes situationnelles, des normes nationales, des normes régionales, des normes socio-professionnelles, des normes selon l'âge, le sexe, le niveau d'instruction, etc. Les normes consistent en la valorisation et en l'utilisation de latitudes de variations à l'intérieur de structures appartenant à une même langue. En dehors d'un mauvais maniement de la structure même, les « fautes » sont la plupart du temps la reconnaissance d'un décalage entre une norme et son contexte.

Notation phonétique

La transcription phonétique, ou notation phonétique, fait correspondre à des sons d'une langue des symboles uniques empruntés le plus souvent maintenant à l'alphabet phonétique international (A.P.I.). Cet alphabet a ceci de particulier qu'il permet de représenter tous les sons des langues, chaque son correspondant à un seul symbole et chaque symbole ne correspondant qu'à un seul son (correspondance bi-univoque). La transcription phonétique vise la conservation sous forme graphique de tout ce qui est prononcé. La notation phonétique permet de ne pas tomber dans les pièges des orthographes traditionnelles qui confondent trop souvent son et lettre, masquant ainsi régulièrement la réalité sonore première des langues.

Occlusion

Une occlusion est la fermeture complète et momentanée de l'appareil phonateur en un point quelconque, obtenu par un rapprochement si étroit de l'articulateur et du lieu d'articulation que l'air ne peut plus passer, et précédée et/ou suivie d'une ouverture brusque. L'occlusion peut être *buccale* si elle se produit à un point ou à un autre de la cavité buccale [t, d, k, g, n, ɲ] ; *labiale* si elle se situe au niveau des lèvres [p, b, m].[231]

Occlusive

Une consonne occlusive s'articule avec une fermeture complète du conduit vocal en un point quelconque du chenal expiratoire.

Ordre

On appelle ordre une classe de phonèmes caractérisés par le même lieu d'articulation. Ainsi, en français, l'ordre /p, b, m/ est *bilabial*, tandis que l'ordre /t, d, n/ est *apico-alvéolaire*. Pour les voyelles, l'ordre /y, ø, œ/ est *antérieur*, tandis que l'ordre /u, o, ɔ/ est *postérieur*. De plus, les voyelles antérieures orales sont distinguées sur l'*arrondissement* (ou non) des lèvres de sorte que la série /i, e, ɛ/ est *non arrondie*, tandis que la série /y, ø, œ/ est *arrondie*.[232]

Œsophage

---

[231] Définition adaptée de Dubois (1973).
[232] Cette définition est de l'auteur.

L'œsophage est un conduit musculo-membraneux compris entre le pharynx et l'estomac. Il permet le passage des aliments.

Orale (articulation)

Une voyelle ou une consonne orale implique un passage de l'air par la seule cavité buccale, le voile du palais étant appuyé sur la paroi pharyngale, obstruant ainsi l'entrée des fosses nasales.

Orthophonie

L'orthophonie est cette discipline qui étudie les troubles de la communication humaine: troubles de la parole, de la voix, de la fluidité et autres troubles du langage. Ces troubles sont imputables à différentes causes: un accident, un trouble neurologique, une malformation congénitale, un retard de développement, etc.

Le spécialiste de l'orthophonie, « l'orthophoniste », est un clinicien qui est amené à rencontrer, dans le cadre de sa profession, des personnes de tous les âges: enfants d'âge préscolaire et scolaire, adolescents, adultes et personnes âgées. L'orthophoniste a pour tâche, en premier lieu, d'évaluer et de diagnostiquer les troubles de la communication lors d'entrevues. Il sera ainsi amené à constater, sur la base de ses observations, des troubles de la voix (par exemple la dysphonie), des troubles de la parole (par exemple des problèmes de bégaiement, d'articulation de la parole), des problèmes liés à la structure du langage (par exemple la dysphasie, la dyslexie, l'aphasie), ou des retards dans l'acquisition du langage [...].

Ouverte (voyelle)

Une voyelle ouverte se caractérise par une grande aperture et donc un écoulement maximal de l'air.

Paire minimale

Deux signifiants qui ne se distinguent l'un de l'autre que par un seul de leurs phonèmes constituent une paire minimale. Par exemple, en français, « tuque » [tyk] et « duc » [dyk] forment une paire minimale qui permet d'opposer les phonèmes /t/ et /d/.

Palais dur

Le palais dur forme, avec le palais mou (ou voile du palais) qui le prolonge et qui est lui-même terminé par la luette (ou l'uvule), la voûte palatine, à savoir la partie supérieure de la cavité buccale. Il correspond à la partie osseuse de la voûte palatine et constitue le lieu d'articulation des réalisations palatales.

Palais mou (ou voile du palais)

Le palais mou forme, avec le palais dur qui est situé devant lui dans la partie supérieure de la cavité buccale, la voûte palatine. Le voile du palais est un organe mobile qui constitue le lieu d'articulation des réalisations vélaires. Lorsqu'abaissé, il permet à l'air d'atteindre les cavités nasales et ainsi sont réalisées les consonnes et les voyelles nasales et nasalisées. Inversement, lorsqu'il est relevé, il s'appuie contre la paroi supérieure du pharynx et bloque complètement le passage de l'air vers les fosses nasales permettant du même coup la réalisation des consonnes et des voyelles orales.

Palatale

Une consonne palatale a le palais dur comme lieu d'articulation. Le son [j] est une consonne palatale.

Pertinent (trait ou trait distinctif)

Un trait est pertinent, distinctif ou oppositif, quand il sous-tend une opposition entre des monèmes différents. Par exemple, dans « pots » [po] et « beaux » [bo], les traits sourd et sonore sont pertinents car leur présence entraîne la distinction d'unités significatives minimales différentes (monèmes différents).

Pharyngale

Une consonne pharyngale a le pharynx comme lieu d'articulation.

Pharynx (ou cavité pharyngale)

La cavité pharyngale, ou pharynx, est un conduit d'une longueur d'environ 8,9 cm chez l'homme adulte et 6,3 cm chez la femme adulte. Elle est située derrière la langue, à la jonction entre les cavités orales et nasales. Le pharynx forme la portion verticale du conduit vocal au-dessus du larynx, et c'est le premier résonateur du son laryngien. Quatre muscles servent à sa constriction: les constricteurs supérieur, médian et inférieur et le palato-pharyngeus. Le pharynx est quelques fois divisé en trois sections: l'oro-pharynx, le naso-pharynx et le laryngo-pharynx.

Phonateur (appareil)

L'appareil phonateur, ou buccophonateur, est un terme utilisé en phonétique pour désigner l'ensemble des structures impliquées dans la production de la parole: poumons, larynx et cavités supra-glottiques (pharyngale, nasale, buccale et labiale). Ce terme comprend également les muscles, ligaments et autres structures impliqués directement ou indirectement dans la phonation.

Phonème

En phonologie, le phonème est l'unité distinctive minimale, en nombre limité dans chaque langue. L'unité distinctive minimale est constituée d'un ensemble de traits phonétiques pertinents, se réalisant simultanément et occupant une position particulière dans la chaîne. Les traits pertinents sont des caractéristiques oppositives, c'est-à-dire des propriétés phonétiques qui sous-tendent les oppositions entre les monèmes (ou morphèmes), à savoir les plus petites unités de sens. Alors que l'on définit les sons en fonction de leur substance (articulatoire, acoustique, auditive), on définit les phonèmes chacun selon sa valeur dans le système des oppositions d'une langue donnée. En français, par exemple, il y a trois consonnes bilabiales: /p/, /b/ et /m/. Or, si la sonorité de /b/ est pertinente dans cette langue, puisqu'en face de /b/ il y a /p/ (=même définition sauf pour la sonorité), il n'en va pas de même pour /m/ qui, bien que généralement sonore, peut se réaliser sourd dans certains contextes. C'est pourquoi la sonorité ne constituera pas, en français, un trait phonologique définitoire de /m/.

Phonétique (domaine de la)

La phonétique est l'étude scientifique de la substance des unités vocales utilisées dans les langues humaines. Les unités vocales se matérialisent sous la forme de segments, appelés sons, et de supra-segments comme les syllabes, les accents, les tons, les groupes rythmiques, les syntagmes intonatifs, la courbe mélodique. La phonétique est une science de l'oral, qui cherche à comprendre et à expliquer le fonctionnement matériel des unités distinctives dégagées en phonologie, ainsi que l'articulation prosodique des énoncés linguistiques. Elle étudie tous les éléments qui concourent à la formation de la base phonique des langues. Elle fait appel à plusieurs disciplines: l'acoustique, la physiologie de la phonation et de l'audition, la neurobiologie et la neuropsychologie, notamment. Par ailleurs, elle a de nombreuses applications: en audiologie et en phoniatrie, en orthophonie, en orthoépie, en reconnaissance et en synthèse de la parole, en phonétique légale, en didactique des langues.

Phonétique acoustique

Entre l'émetteur d'un message et son récepteur, elle envisage, à l'aide d'instruments techniques variés, les caractéristiques physiques de l'onde sonore transmise dans l'air. Les paramètres acoustiques des unités vocales sont la fréquence (mesurable en cycles/seconde -abréviation cps-, ou Hertz -Hz-), l'amplitude (dont l'unité relative est le déciBel -dB-), la durée (calculée en centièmes -cs-, ou millièmes de seconde -ms-) et le timbre (dont les composants sont appelés formants -F1, F2, F3, F4-). Divers appareils, comme l'analyseur de mélodie, l'oscillographe, le spectrographe, permettent ainsi de déterminer s'il s'agit de sons aigus ou graves, compacts ou diffus, forts ou faibles, longs ou brefs. Les propriétés suivantes sont également des traits acoustiques: bruyant ou sonnant, périodique ou apériodique, impulsionnel ou continu.

Phonétique articulatoire

On l'appelle aussi phonétique physiologique. Il s'agit d'une branche de la phonétique qui examine les productions orales faites à l'aide de l'appareil phonateur. Les unités vocales y sont définies en tenant compte de l'action du larynx, notamment des cordes vocales, ainsi que des cavités supra-glottiques (pharyngale, buccale, nasale, labiale). On utilise généralement six critères articulatoires pour décrire les sons des langues: le voisement (sonore ~ sourd), la résonance nasale (nasal ~ oral), la résonance labiale (labialisé/arrondi ~ non labialisé/non arrondi), le mode articulatoire (occlusive ~ constrictive ~ vocalique...), le lieu d'articulation (labial, dental, alvéolaire, palatal, vélaire, uvulaire, pharyngal, laryngal) et l'articulateur (labial, apical, dorsal, radical, épiglottal). L'analyse articulatoire peut avoir recours à des techniques particulières très sophistiquées (voir phonétique expérimentale): palatographie, cinéradiologie, électromyographie, stroboscopie, laryngoscopie, glottographie, etc.

Phonétique combinatoire

Une langue n'est pas constituée de segments isolés mais de sons enchaînés dans le discours. Il en résulte que ces unités s'influencent les unes les autres constamment dans la chaîne sonore. Dans un environnement nasal, par exemple, un segment oral subira une pression à la nasalisation, le segment nasal subissant lui-même une pression à la dénasalisation. Dans un contexte sourd, un segment sonore subira une pression à la désonorisation, les segments sourds environnants subissant eux-mêmes une pression contraire, c'est-à-dire au voisement. La phonétique combinatoire est précisément l'étude de l'interaction des sons les uns sur les autres dans la chaîne.

À cet égard, la vie des sons est régie par l'économie linguistique qui met en présence deux types de pression: l'inertie des organes phonateurs et la nécessité pour les sons de se maintenir distincts pour réaliser la communication. La force d'inertie tend à rapprocher les articulations pour restreindre la dépense d'énergie. Par contre, la nécessité de la communication, telle qu'elle s'exprime dans le système des unités distinctes, tend à faire en sorte que les articulations se maintiennent comme telles, voire se différencient, évitant ainsi l'assimilation et la disparition. L'entrejeu de ces deux forces, avec les gains et les reculs tantôt de l'une, tantôt de l'autre, ponctue l'évolution linguistique.

Phonétique descriptive

Cette branche de la phonétique s'attache à expliquer le fonctionnement d'une seule langue en particulier. Ainsi, il y a la phonétique descriptive du français, la phonétique descriptive de l'anglais, etc. Tous les aspects phonétiques de la langue décrite sont alors abordés.

Phonétique générale

Étude des possibilités humaines en matière de prononciation linguistique. La phonétique générale examine toute la gamme des sons qui peuvent être produits par l'appareil vocal, indépendamment des langues particulières et de la fonction que ces sons peuvent occuper dans chacune. La considération du plus grand nombre de langues possible devient alors un impératif.

Phonologie

La phonologie est un domaine de la linguistique, distinct de la phonétique, qui s'intéresse à la fonction des sons humains dans les langues. Son analyse repose sur l'étude des unités discrètes distinctives (ou pertinentes), les phonèmes et les prosodèmes, en nombre limité dans chaque langue. Les unités distinctives sont celles qui permettent d'opposer les unités de sens minimales (monèmes, ou morphèmes) dans une langue, leur apparition n'étant pas conditionnée par l'environnement phonétique ou autre, comme c'est le cas pour les variantes combinatoires ou libres (« allophones », en anglais). On reconnaît généralement deux branches d'étude en phonologie: la phonologie segmentale, ou phonématique, et la phonologie suprasegmentale, ou prosodie. La première s'intéresse principalement aux phonèmes, c'est-à-dire les unités discrètes qui valent par leur pertinence oppositive mais également par leur position particulière dans la chaîne. Les phonèmes sont en effet des ensembles de traits distinctifs (ou pertinents) qui se réalisent simultanément et qui occupent une position particulière dans la chaîne. En revanche, la prosodie (phonologique) étudie les phénomènes suprasegmentaux comme l'accent, le ton, l'intonation. Il existe de nombreuses approches et théories en phonologie, lesquelles diffèrent sensiblement quant à leurs méthodes, leurs buts, leurs principes, etc.

Pointe de la langue (ou apex)

L'apex est le nom donné à la pointe de la langue. Il sert d'articulateur dans la production de plusieurs consonnes (dites « apicales »).

Post-alvéolaire

Une consonne post-alvéolaire a la partie postérieure des alvéoles comme lieu d'articulation.

Postérieure

Une voyelle postérieure s'articule sous le palais mou (voile du palais), à l'arrière de la bouche.

Postériorisé

Un son est dit postériorisé lorsque, au moment de sa réalisation, il s'accompagne d'un déplacement de la langue vers l'arrière de la cavité buccale. Un son postériorisé est donc soumis à une modification de son lieu d'articulation. En français québécois par exemple, dans certains contextes phoniques, la voyelle antérieure ouverte (« a ») est souvent réalisée comme une voyelle postériorisée (et arrondie, le cas échéant): « ça », « pas », « là », etc.

Poumons

Les poumons sont des organes spongieux placés dans la cage thoracique où se font les échanges gazeux impliqués dans la fonction de la respiration. Le gonflement et le dégonflement des poumons sont permis grâce à l'action de l'abaissement et du soulèvement du diaphragme dans la cage thoracique. Par cette action, ils fournissent l'énergie nécessaire (l'air expulsé) à la parole. [233]

Prédorso-alvéolaire

Une consonne prédorso-alvéolaire a les alvéoles comme lieu d'articulation et la partie antérieure du dos de la langue comme articulateur.

Processus phonologique

À la base, le traitement phonologique fait partie de la construction de la parole. Le traitement phonologique comprend 1) la conscience phonologique 2) l'accès au *système*[234] phonologique et 3) la mémoire de travail phonologique (voir STANKE 2016). Le traitement phonologique est le premier processus fonctionnel partagé par tous les locuteurs de la langue. Il est, à la base, un processus permanent de la parole, déterminé par la structure de la langue et les règles d'assemblage des phonèmes qui s'opposent entre eux à travers leurs traits distinctifs et leurs fonctions contrastives dans la parole. Le traitement phonologique est construit par l'enfant et devient un processus permanent.

De leur côté, les processus phonologiques simplificateurs (les *PPS*) identifiés au départ par David INGRAM (1976) ne s'ancrent pas dans la langue. Ils sont

---

[233] Cette définition est de l'auteur.

[234] Il vaut mieux préférer le mot *système* à la place de *lexique* employé par STANKE (2016) puisque les phonèmes sont, par définition, des unités distinctives minimales et non pas des unités significatives minimales.

transitoires par définition et font partie intégrante de l'acquisition des phonèmes par l'enfant qui structure et précise les fonctions des phonèmes qu'il intègre dans l'usage. Tous les processus phonologiques simplificateurs finissent par disparaître. L'enfant finit par consolider sa maîtrise de la phonologie et par éliminer ces processus transitoires. Une fois les phonèmes intégrés par l'enfant, les *PPS* disparaissent pour faire place au traitement phonologique du système codifié qu'il a adopté et construit lors son apprentissage. Les *PPS* (ou transformations) impliquent le plus souvent des modifications de syllabes, l'apparition de substitutions et d'assimilations phonologiques. Les *PPS* représentent des difficultés phonologiques qui suivent des patrons réguliers et prévisibles qui ne sont pas aléatoires.[235]

Progressive (assimilation)

Adaptation d'un son qui tend à se rapprocher, par inertie, d'un autre son de type articulatoire différent avec lequel il est en contact. L'assimilation progressive se fait de gauche à droite. Ex.: dans [sybsiste] (« subsister »), le second [s] devient sonore et se réalise (presque) comme [z] sous l'influence de la consonne sonore [b] –> [sybziste].

Progressive (dilation)

Adaptation d'un son qui tend à se rapprocher, par inertie, d'un son à distance de type articulatoire différent. La dilation progressive se fait de gauche à droite. Ex.: dans [definitwar] (« définitoire »), le premier [i] (fermé) tend à s'ouvrir et à se réaliser en [e] sous l'influence du [e] (mi-fermé) qui le précède –> [defenitwar].

Régressive (assimilation)

Adaptation d'un son qui tend à se rapprocher, par inertie, d'un autre son de type articulatoire différent avec lequel il est en contact. L'assimilation régressive se fait de droite à gauche. Ex.: dans [medsin] (« médecine »), [d] devient sourd et se réalise (presque) comme [t] sous l'influence de la consonne sourde [s] –> [metsin].

Régressive

Adaptation d'un son qui tend à se rapprocher, par inertie, d'un son à distance de type articulatoire différent. La dilation régressive se fait de droite à gauche. Ex.: « surtout », avec la première voyelle prononcée comme [u], sous l'influence de la voyelle de la seconde syllabe ([u]).

Segmentation

En linguistique structurale, la segmentation est une procédure consistant à segmenter la première articulation du langage en unités significatives minimales (les *monèmes* - le + chien + jappe - et les *morphèmes - mange-* + *-ons* -) ou à segmenter la deuxième articulation du langage en unités distinctives minimales (les *phonèmes* [l]+[œ]+[ʃ]+[j]+[ɛ̃]+[ʒ]+[a]+[p]).[236]

Semi-consonne (ou semi-voyelle)

---

[235] Cette définition générale est de l'auteur.

[236] Cette définition est de l'auteur.

Les semi-consonnes ou semi-voyelles sont des productions phoniques qui, par leurs caractéristiques articulatoires, acoustiques, mais aussi distributionnelles, peuvent, selon le cas, être envisagées tantôt comme des consonnes, tantôt comme des voyelles. [j] et [w], par exemple, sont des semi-consonnes.

Série

On appelle *série* une classe de phonèmes caractérisés par un trait distinctif unique. Ainsi, en français, la série /p, t, k/ est caractérisée par le même trait *sourd*, tandis que la série /b, d, g/ est caractérisée par le même trait *sonore*. Pour les voyelles, on appelle série une classe de phonèmes caractérisés par le même trait d'aperture. Ainsi, en français, la série /i, y, u/ est *fermée*, tandis que la série /a, ɑ, ɑ̃/ est *ouverte*.[237]

Sigmatisme

Il existe trois types de sigmatismes. Le *sigmatisme interdental*, parfois appelé le zézaiement ou le zozotement qui est une *dyslalie* de la parole qui touche la production des constrictives /s, z, ʃ, ʒ/. Cette difficulté articulatoire peut même affecter les constrictives alvéolaires / t, d, l, n/ par la projection trop avancée de la langue entre les dents supérieures et inférieures. Lorsque plusieurs phonèmes sont touchés par le sigmatisme interdental, nous parlons d'interdentalité. Dans le cas du *sigmatisme addental*, le bout de la langue s'appuie sur les dents supérieures lors de la production des sons [t̪ , d̪ , l̪ , n̪]. Tout comme le sigmatisme interdental, le *sigmatisme addental* de l'enfant donne aux parents l'impression qu'il parle sur le bout de la langue ou qu'il zozote. Voici quelques exemples à noter : dent [d̪ɑ̃], dure [d̪y:], tape [t̪ap], temps [t̪ɑ̃]. Le *sigmatisme latéral*, parfois appelé le schlintement, quant à lui, est une dyslalie de la parole plus rare. Il est caractérisé par un mauvais positionnement de la langue dans l'articulation de certaines consonnes, plus particulièrement les constrictives /s, z, ʃ, ʒ/, qui occasionne un écoulement d'air par un seul côté de la langue (l'autre côté étant bloqué), entre les dents et la joue intérieure. Dans le cas du sigmatisme latéral, les parents et l'entourage ont l'impression, dans le discours populaire, que l'enfant parle avec une patate chaude dans la bouche. On peut observer le sigmatisme latéral dans les exemples suivants : sol [ɬ͡sɔl] et sel [ɬ͡sɛl].[238]

Son

Phonétiquement, le son est l'unité auditivo-vocale segmentale de base des langues. Pour la phonologie, il représente la substance orale des phonèmes. En phonétique, il se définit différemment selon qu'il s'agit du plan articulatoire, acoustique, auditif, ou perceptif.

Articulatoirement, le son se définit en fonction des organes phonateurs : il peut être sonore ou sourd (cf. les cordes vocales), nasal ou oral (cf. la luette), labialisé/arrondi ou non labialisé/non arrondi (cf. les lèvres), occlusif, constrictif ou vocalique (mode articulatoire), labial, dental, alvéolaire, palatal, vélaire, uvulaire, pharyngal, ou laryngal (lieu d'articulation) labial, apical, dorsal, radical, épiglottal (articulateur).

---

[237] Cette définition est de l'auteur.

[238] Cette définition est de l'auteur.

Sur le plan acoustique, les sons se définissent en termes de fréquence (mesurable en cycles/seconde -cps-, ou Hertz -Hz-), d'amplitude (dont l'unité relative est le déciBel -dB-), de durée (calculée en centièmes -cs-, ou millièmes de seconde -ms-) et de timbre (dont les composants sont appelés formants -F1, F2, F3, F4-).

En phonétique auditive, les sons sont envisagés différemment selon que leur mode de transmission est aérien (oreille externe), mécanique (oreille moyenne), hydro-mécanique (oreille interne), ou électro-chimique (organe de Corti et nerf auditif).

La tonie (hauteur perçue), la sonie (intensité perçue), la longueur (durée perçue) et le timbre perçu (impression subjective que le son laisse chez l'individu qui le perçoit) sont les quatre caractéristiques perceptives des sons.

Sonore (ou voisée)

Une consonne (ou une voyelle) sonore (ou voisée) est caractérisée par la présence de vibrations des cordes vocales au niveau du larynx.

Sonorisée

Une consonne sourde est sonorisée quand, souvent sous l'influence de segments sonores environnants, elle prend les traits d'une sonore. La consonne est alors prononcée avec vibration des cordes vocales au niveau du larynx. Ex.: dans « subsister », le second [s] devient sonore et se réalise comme [z] sous l'influence de [b] (sonore) qui suit ([sybziste]).

Sourde

Une consonne (ou une voyelle) sourde est caractérisée par une absence de vibrations des cordes vocales au niveau du larynx.

Syllabe

De façon tout à fait intuitive, la syllabe peut être conçue comme une habitude de discrimination au même titre que les sons, les accents et les intonèmes (structures prosodiques). Il s'agit d'un son, ou d'un groupe de sons, spontanément prononçable de façon isolée par tout locuteur d'une langue. La syllabe a une réalité mémorielle évidente: on peut ne plus se souvenir d'un mot tout en se souvenant du nombre de syllabes qu'il comporte. On mémorise mieux les textes découpés en syllabes égales. Du reste, les peuples ont découvert la syllabe bien avant le son, ou le phonème: les écritures ont été syllabiques avant d'être alphabétiques, phonétiques ou phonologiques. Mais, linguistiquement, qu'est-ce donc qu'une syllabe?

Une conception très répandue actuellement veut qu'une syllabe comporte une attaque et une rime. La rime est elle-même formée d'un noyau et d'une coda. L'attaque comprend la (ou les) consonne(s) précédant le noyau. Le noyau est le point le plus proéminent de la syllabe. Il correspond généralement à une voyelle. La coda comprend la (ou les) consonne(s) suivant le noyau. Il y a deux catégories de poids syllabique: léger (ou faible), puis lourd (ou fort). Une syllabe légère est constituée d'une rime à noyau bref, suivie d'une seule consonne brève. La rime d'une syllabe lourde peut prendre différentes formes: 1) une voyelle longue, avec ou sans coda; 2) une voyelle brève, avec une coda d'au moins deux consonnes; 3) une voyelle brève, suivie d'au moins une consonne longue.

La syllabation varie selon les langues. En français, la tendance est à la syllabation ouverte, alors qu'en anglais, par exemple, la tendance est à la syllabation fermée. Enfin, la proéminence syllabique peut être atteinte grâce à l'accentuation, mettant en œuvre une augmentation de l'un ou l'autre, ou plusieurs, des paramètres suivants : hauteur, intensité et durée. Mais la proéminence syllabique peut également être atteinte à travers le poids d'une syllabe.

Syncope

Tendance à restreindre la dépense d'énergie en faisant disparaître un segment. La syncope est la manifestation extrême de l'inertie. Ex.: en français du Québec, dans « unité », le [i] tend à disparaître –> [ynte].

Timbre de la voix

Le timbre de la voix correspond aux caractéristiques auditives de la coloration d'une voix individuelle. Ce timbre est en grande partie dépendant de caractéristiques physiologiques, notamment celles du larynx et des structures supra laryngales d'un individu. Par exemple, le timbre de la voix sera plus ou moins aigu selon la longueur des cordes vocales, leur degré de tension, etc. Le timbre de la voix varie donc considérablement d'une personne à l'autre. Naturellement, il y a aussi un fondement acoustique à ce timbre.

Trait pertinent (ou distinctif)

Un trait est pertinent, distinctif ou oppositif, quand il sous-tend une opposition entre des monèmes différents. Par exemple, dans « pots » [po] et « beaux » [bo], les traits sourd et sonore sont pertinents car leur présence entraîne la distinction d'unités significatives minimales différentes (monèmes différents).

Transcription phonétique (ou notation phonétique)

La transcription phonétique, ou notation phonétique, fait correspondre à des sons d'une langue des symboles uniques empruntés le plus souvent maintenant à l'alphabet phonétique international (A.P.I.). Cet alphabet a ceci de particulier qu'il permet de représenter tous les sons des langues, chaque son correspondant à un seul symbole et chaque symbole ne correspondant qu'à un seul son (correspondance bi-univoque). La transcription phonétique vise la conservation sous forme graphique de tout ce qui est prononcé. La notation phonétique permet de ne pas tomber dans les pièges des orthographes traditionnelles qui confondent trop souvent son et lettre, masquant ainsi régulièrement la réalité sonore première des langues.

Trapèze vocalique

Les voyelles françaises sont souvent représentées dans un trapèze. Cette illustration graphique représente, grossièrement, le lieu d'articulation (la position approximative de la langue dans la cavité buccale) lors de leur production. Les voyelles placées à la gauche du trapèze (/i, y, e, ø, ɛ, œ, a, ɛ̃, œ̃/) sont des voyelles antérieures produites à l'avant de la cavité buccale. Les voyelles placées à la droite du trapèze (/u, o, ɔ, ɑ, ɔ̃, ɑ̃/) sont des voyelles postérieures produites à l'arrière de la cavité buccale. Le trapèze vocalique donne aussi une indication quant au degré d'aperture des voyelles, à savoir dans quelle mesure la bouche est ou bien plus ou moins fermée ou bien plus ou moins ouverte lors de la production de celles-ci. Le trapèze indique alors que /i, y, u/ sont fermées, /e, ø, o/ sont mi-fermées, /ɛ, œ, ɔ, ɛ̃, œ̃, ɔ̃/ sont mi-ouvertes et /a, ɑ, ɑ̃/ sont ouvertes.[239]

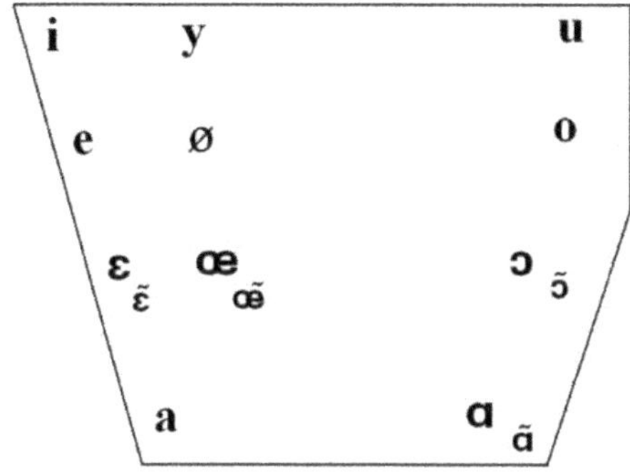

Unité discrète

Une quantité discontinue ou unité discrète est un élément phonologique par lequel des unités significatives minimales (monèmes, morphèmes) sont distinguées les unes des autres. C'est un élément qui vaut par sa présence ou son absence. Il n'est jamais plus ou moins quelque chose car il n'a de réalité qu'oppositive. Par exemple, en français, les mots « pain » et « bain » sont distingués l'un de l'autre grâce aux quantités discontinues /p/ et /b/. En phonologie, les quantités discontinues ou unités discrètes sont des unités non significatives mais distinctives, c'est-à-dire des unités qui permettent d'opposer les monèmes d'une langue. On dégage les quantités discontinues au moyen de la procédure de découverte appelée « commutation ». Les unités discrètes peuvent être de nature segmentale (les phonèmes), ou supra-segmentale (les tons).

Uvulaire

Une consonne uvulaire a la luette comme lieu d'articulation. [r] est une consonne uvulaire en français.

Uvule (ou luette)

La luette ou uvule est une saillie allongée mobile qui termine le voile du palais et qui contribue, lorsqu'elle se détache de la paroi pharyngale, à permettre à l'air provenant des poumons et du larynx de se diriger non seulement vers la bouche, mais également vers les fosses nasales (articulations nasales). Lorsque la luette s'appuie sur la paroi pharyngale, elle empêche l'air de pénétrer dans les fosses

---

[239] Cette définition est de l'auteur et le trapèze qui suit est tiré et adapté du site du professeur Christian Guilbault de l'Université Simon Fraser - https://www.sfu.ca/fren270/Phonetique/trapze.htm#:~:text=Les%20voyelles%20fran%C3%A7aises%20sont%20souvent,servent%20%C3%A0%20caract%C3%A9riser%20leur%20production – Consulté le 19-02-2024.

nasales et ne le laisse s'échapper que par la bouche (articulations orales).

Vélaire

Une consonne vélaire a le palais mou comme lieu d'articulation. En français, les consonnes vélaires sont [k], [g] et [w].

Voile du palais (palais mou)

Le palais mou forme, avec le palais dur qui est situé devant lui dans la partie supérieure de la cavité buccale, la voûte palatine. Le voile du palais est un organe mobile qui constitue le lieu d'articulation des réalisations vélaires. Lorsqu'abaissé, il permet à l'air d'atteindre les cavités nasales et ainsi sont réalisées les consonnes et les voyelles nasales et nasalisées. Inversement, lorsqu'il est relevé, il s'appuie contre la paroi supérieure du pharynx et bloque complètement le passage de l'air vers les fosses nasales permettant du même coup la réalisation des consonnes et des voyelles orales.

Voisée (ou sonore)

Une consonne (ou une voyelle) sonore (ou voisée) est caractérisée par la présence de vibrations des cordes vocales au niveau du larynx.

Voisement

Le voisement est l'un des six critères de description articulatoire des sons humains. Il est fonction des vibrations des cordes vocales: l'articulation est sonore quand les cordes vocales vibrent, alors qu'elle est sourde lorsqu'elles ne vibrent pas.

Voyelle

Sur le plan articulatoire, une voyelle implique un écoulement libre de l'air à travers le conduit buccal. L'articulation d'une voyelle nécessite en effet une certaine distance entre le dos de la langue et la voûte palatine (cf. l'aperture), et ce, même dans le cas des voyelles dites « fermées ». Sur le plan acoustique, une voyelle comporte des formants, dont la configuration garantit pour chacune un timbre particulier.

Ouvrages cités

ADAMS, Marilyn Jager (1990) : *Beginning to read*. Cambridge, MA: Bradford.

ALEGRIA, J., PIGNOT, E., MORAIS, J. (1982) : *Phonetic analysis of speech and memory codes in beginning readers*. Memory & Cognition, 10, 451-456.

ARNON, Inbal, CLARK, Eve V. (2011) : *Experience, Variation and Generalization, Learning a first language*. Trends in Language Acquisition Research, John Benjamins Publishing company.

BEAUCHEMIN, Maryse, MARTIN, Sylvie, MÉNARD, Suzanne, JOMPHE, Mélanie, SERRECCHIA, Lucie (2000) : *L'apprentissage des sons et des phrases*, Les éditions de l'Hôpital Sainte-Justine, 110 pages.

BERGERON, Michèle (1985) : *Allô papa ! Allô maman ! Allô le monde!* Communiquer avec un enfant au cours de ses cinq premières années, Québec, Publications du Québec.

BERGERON-GAUDIN, Marie-Ève (2014) : *J'apprends à parler : le développement du langage de 0 à 5 ans*, Éditions du CHU Sainte-Justine, Montréal, 175 pages.

BLACHE, Steven E. (1982) : *Minimal word pairs and distinctive feature training*, in M. CLARY, *Phonological Intervention : Concepts and procedures* (pp. 61-96), San Diego, College-Hill Press.

BOSSE, Marie-Line, ZAGAR, Daniel (2016) : *La conscience phonémique en maternelle : Etat des connaissances et proposition d'évolution des pratiques pédagogiques actuelles*, 14 p.

BOWEN, Caroline (2007) : *Les difficultés phonologiques chez l'enfant*, Chenelière Éducation, 60 pages.

BOWEY, Judith A., TUNMER, William E. (1984) : *Word Awareness in Children*. In: Tunmer, W.E., Pratt, C., Herriman, M.L. (eds) Metalinguistic Awareness in Children. Springer Series in Language and Communication, vol 15. Springer, Berlin, Heidelberg.

BRADY, Susan A., SHANKWEILER, Donald P. (1991) :

Phonological processes in literacy: A tribute to Isabelle Y. Liberman. Hillsdale, NJ, Lawrence Erlbaum Associates.

BRIN-HENRY, Frédérique, COURRIER, Catherine , LEDERLE, Emmanuelle, MASY, Véronique (1997 : 41-49) : *Dictionnaire d'orthophonie*, Isbergues, Ortho Édition, 472 pages.

CAMPOLINI, Claire, TOLLET, François, VANSTEELANDT, Andrée (1998) : *Dictionnaire de logopédie*, Peeters, 123 pages.

CASTLES, Anne, COLTHEART, Max (2004) : *Is there a causal link from phonological awareness to success in learning to read?* Cognition, 91, 77-111.

CLAIRIS , Christos (1981) : *La fluctuation de phonèmes*, Dilbilim VI, 99-110.

COSTELLO, Janis (1975) : *Articulation instruction-based distinctive feature theory*, Language, Speech and Hearing Sciences in Schools, 2, pp. 61-71.

COSTELLO, Janis, ONSTINE, Joanne, M. (1976) : *The modification of multiple articulation errors based on distinctive feature theory*, Journal of Speech and Hearing Disorders, 41, pp. 199-215.

DES CHÊNES, Rosine (2008) : *Moi, j'apprends en parlant*, Chenelière Éducation, 232 pages.

DESROCHERS, Alain, DESGAGNÉ, Lise, KIRBY, John R. (2011). *L'évaluation de la lecture orale*, Dans Berger, M. et Desrochers, A. (Directeurs), L'évaluation de la littératie (p. 177-214), Ottawa, Presses de l'Université d'Ottawa.

DEVEVEY, Alain (2013) : *Langue, langages et évaluation.* Les troubles spécifiques du langage : pathologies ou variations, De Boeck, 166 pages.

DIEU, Fanny (2021) : *Production de la parole chez l'enfant francophone tout-venant d'âge préscolaire : étude longitudinale*, Master en logopédie, Université de Liège.

DUBOIS, Jean (1973) : *Dictionnaire de linguistique*, Larousse, Paris, 516 pages.

ELBERT, Mary (1986) : *Handbook of Clinical Phonology*, College-Hill Press, 169 pages.

FLEURY, I. et ROUSSIN , M. (1996) : *La stimulation du langage en garderie : Conseils et idées*. Recueil d'activités de langage à l'intention des éducatrices en garderie.

FRANÇOIS, F. (1968) : *L'analyse phonologique*, Le langage, Paris, Gallimard, pages 190-227.

FRÉMONT, Amélie (2014) : *Dépistage des troubles du langage oral chez l'enfant de moins de 3 ans : Les inventaires français du développement communicatif (IFDC) sont-ils utilisables par les médecins généralistes en pratique quotidienne?* Thèses de doctorat (médecine), Université de Rouen, 112 pages.

GARDE, Edouard (1970) : *La voix, PUF,* Que sais-je, no. 627

GOSWAMI, Usha, BRYANT, Peter (1990) : *Phonological skills and learning to read*. Hillsdale, NJ : Erlbaum.

GOUDAILLIER, Jean-Pierre (1990) : *Principes théoriques de phonologie fonctionnelle expérimentale*, Hambourg, Verlag, 514 pages.

GRUNWELL, Pamela (1987) : *Clinical Phonology*, Croom Helm, 311 pages.

GRUNWELL, Pamela (1981) : *The Nature of Phonological Disability in Children*, Academic Press, London, 243 pages.

HAGÈGE, Claude (1982) : *La structure des langues*, PUF, 128 pages.

HALL, Susan L. (2006) *I've DIBEL'd, now what ?*, Boston, Sopris West.

HENDERSON, Florence M. (1938) : *Objectivity and constancy of judgement in articulation testing*, Journal of Educational Research, 31, pages 348-356.

HODSON, Barbara W. (1980) : *The assessment of phonological processes*, Danvill, Interstate Press.

INGRAM, David (1976) : *Phonological Disability in Children*, New York, Elsevier. 167 pages.

INGRAM, David (1981) : *Procedures for the phonological analysis of children's language*, University Park Press, 167 pages.

JAGER-ADAMS, Marylin (2000) : *Conscience phonologique*, Chenelière Éducation, 138 pages.

JAMART, Anne-Claire (2001) : *Adaptation d'une méthode*

d'évaluation et de rééducation des désordres phonologiques chez deux enfants présentant des profils de langage différents. Mémoire de licence en psychologie non publié. Université catholique de Louvain.

JOMPHE, Mélanie (1997) : *Élaboration d'un guide s'adressant aux parents d'enfants d'âge scolaire ayant pour objet la stimulation du langage par la lecture de livres d'histoires.* École d'orthophonie et d'audiologie, Université de Montréal.

JOHNSON, C.E. (1971) : *A note on transcribing the speech of young children*, Papers and Reports on Child Language Development,3, pages 95-100, Stanford University.

KHAN, L.M.L. (1985) : *Basics for phonological analysis*, San Diego, College-Hill Press.

LADEFOGED, Peter, MADDIESON, Ian (1996) : *The Sounds of the World's Languages.* Oxford : Blackwell.

LEGENDRE, Renald (2006). *Dictionnaire actuel de l'éducation,* Montréal : Guérin.

LE HUCHE, François, ALLALI, André (1991) : Anatomie et physiologie des *organes de la voix et de la parole*, Paris, Masson.

LÉVESQUE, D. (1987) : *Vers une participation active des parents dans l'intervention orthophonique dans Orthophonie : documents et témoignages*, AIMARD Paul et MORGAN, Alain, Masson Éd., Paris.

LIBERMAN, I.Y. (1973) : *Segmentation of the spoken word and reading acquisition.* Bulletin of the Orton Society, 23, 65-77.

LUKATELA, Katerina, CARELLO, Claudia, SHANKWEILER, Donald,

LIBERMAN, Isabelle Y. (1995) : *Phonological awareness in illiterates: observations from Serbo-Croatian*, Applied Psycholinguistics, 16(04), 463-488.

MACLEOD, Andrea (2014), *L'ESPP : Évaluation sommaire de la phonologie chez les enfants d'âge préscolaire*, École d'orthophonie et audiologie, Université de Montréal.

MACLEOD, Andrea (2016), *Mise à niveau de la phonétique et de la phonologie pour la pratique en orthophonie*, École d'orthophonie et audiologie, Université de Montréal.

MANN, Virginia, WIMMER, Heinz (2002) : *Phoneme awareness and pathways into literacy: A comparison of German and American children*. Reading and Writing, 15(7-8), 653-682.

MARTIN, Katherine L. (2009) : *Le langage et la parole chez l'enfant*, Chenelière Éducation, 135 pages.

MARTIN, Pierre (1983) : *Éléments de phonologie fonctionnelle*, Chicoutimi, Gaëtan Morin, 133 pages.

MARTIN, Pierre (1996) : *Éléments de phonétique avec application au français*, Québec, PUL, 232 pages.

MARTINET, André (1956) : *La description phonologique*, Paris, Minard, 108 pages.

MARTINET, André (1970) : *Éléments de linguistique générale*, Paris, Colin, 213 pages.

MARTINET, André (1974) : *La Linguistique synchronique*, Paris, PUF, 234 pages.

MANOLSON, Ayala (1997) : *Parler : un jeu à deux. Comment aider votre enfant à communiquer*. Guide du parent, Le centre Hanen, Toronto.

MELS. (2006) : *Programme de formation de l'école québécoise. Enseignement secondaire premier cycle*. Québec : Ministère de l'Éducation, du Loisir et du Sport.

MELS. (2009) : *Programme de formation de l'école québécoise. Enseignement secondaire deuxième cycle*. Québec : Ministère de l'Éducation, du Loisir et du Sport.

MEQ. (2001) : *Programme de formation de l'école québécoise. Éducation préscolaire et enseignement primaire*. Québec : Ministère de l'Éducation du Québec.

MORAIS, José, CARY, Luz, ALEGRIA, Jésus, BERTELSON, Paul (1979) : *Does awareness of speech as a sequence of phones arise spontaneously?* Cognition, 7, 323-331.

MOUNIN, Georges (1968) : *Clefs pour la linguistique*, Paris, Seghers, 166 pages.

OLLER, D.K., EILERS, R.E. (1975) : *Phonetic expectation and transcription validity*, Phonetica, 1(3-4), pages 288-304.

OSTIGUY, Luc, TOUSIGNANT, Claude (1993) : *Le français québécois. Normes et usages*. Montréal : Guérin.

PRÉFONTAINE, C. (1998) : *Pour une expression orale de qualité*. Montréal : Les Éditions Logiques.

ROCCHESANI, Raphaël. (2018) : *Dépistage précoce des troubles du langage oral chez les enfants de moins de 4 ans*, Thèse de doctorat (médecine), Université de Poitiers, 156 pages.

REY, Alain (1984) : Le Petit Robert, Dictionnaire alphabétique et analogique de la langue française, Les dictionnaires Robert, Montréal.

REY, Alain (2018) : *Le Robert Micro*, Les dictionnaires Robert, Paris.

REY, Véronique, SABATER, Carine, DE CORMIS, Caroline (2001) : *Un déficit de la conscience morphologique comme prédicteur de la dysorthographie chez l'enfant présentant une dyslexie phonologique*, Glossa 78, pages 4-21.

RONDAL, Jean-Adolphe (1999) : *Comment le langage vient aux enfants*, Éditions Labor, Tournai, 112 pages.

RONDAL, Jean-Adolphe (2003) : *L'évaluation du langage*, Hayen (Sprimont) : Mardaga, 224 pages.

RONDAL, Jean-Adolphe (2006) : *Expliquer l'acquisition du langage*, Hayen (Sprimont) : Mardaga, 233 pages.

RONDAL, Jean-Adolphe (2007) *Orthophonie contemporaine*, Ortho Édition, Isbergues, 93 pages.

ROSE, Yvan (2003) : *French Speech Acquisition*, dans Sharynne McLeod (Éditeur), The International Guide to Speech Acquisition, Thomas Delamar Learning, pages 364-385.

SANDER, Eric K. (1972) : *When are speech sounds learned ?* Journal of Speech and Hearing Disorders, 37, pages 55-63.

SCHELSTRAETE, Marie-Anne, MAILLART, Christelle, JAMART, Anne-Catherine (2004 : 81-112) : *Les troubles phonologiques : cadre théorique, diagnostic et traitement dans Les troubles du langage et du calcul chez l'enfant*. Editions EME. Intercommunication.

SOCIÉTÉ FRANÇAISE DE PÉDIATRIE (2007) : *Les troubles de l'évolution du langage chez l'enfant : guide pratique*, Direction Générale de la Santé, République française, https://sante.gouv.fr/IMG/pdf/plaquette_troubles-2.pdf, 25 pages,

(Consulté le 30 mai 2023).

SOWELL, Thomas (1997) : *Late-Talking Children*, Basic books, New York, 180 pages.

STANKÉ, Brigitte (2016) : *La dyslexie-dysorthographie phonologique*, dans Stanké, B (directrice), Les dyslexies-dysorthographies (p. 69-102), Québec, Presses de l'Université du Québec.

STANKOVICH, K.E. (1988) : *The right and wrong places to look for the cognitive locus of reading disability*. Annals of Dyslexia, 38, 154-177.

ST-PIERRE, Marie-Catherine (2006) : *Traitement auditif, traitement phonologique et acquisition de la morphologie dans la dyslexie développementale,* thèse de doctorat, Université de Montréal.

TROUBETZKOY, Nikolai Sergeyevich (1970) : *Principes de phonologie*, Paris, Klincksieck, 396 pages.

VION, R. (1980) : *Principes de phonologie*, Linguistique, Paris, PUF, pages 99-124.

WAGNER, Richard K., TORGENSEN, Joseph K. (1987) : *The nature of phonological processing and its causal role in the acquisition of reading skills*, Psychological Bulletin, 101, 192-212.

À propos de l'auteur

Patrice Robitaille, docteur de 3e cycle en linguistique (phonologie) de l'Université Laval à Québec, est directeur dans un collège privé de Montréal. En 1994, sous la direction de Pierre Martin, il a soutenu une thèse de doctorat qui porte sur les fluctuations et les flottements phonologiques de l'anglais de la Géorgie aux États-Unis. Au cours de sa carrière, il a élaboré et enseigné les cours *Observation et dépistage en difficulté du langage* et *Intervention: clientèles avec difficultés de langage* dans le programme de Techniques d'éducation spécialisée. Il est l'auteur de comptes rendus et d'articles dans le domaine de la linguistique. Il est l'auteur de romans dont *Le chenil*, finaliste aux Prix littéraires de Gouverneur général du Canada. La méthode qu'il préconise dans les *Éléments de phonologie fonctionnelle pour l'intervention et l'orthophonie* pour l'identification, l'analyse et la compréhension des processus phonologiques a permis de former plus de 500 intervenants sur l'île de Montréal.